JN075485

キレイにしたいなら
収納術は忘れなさい！

片づけ意識改革

家が整う、運気が変わる、望みが叶う！

整理収納コンサルタント・
家の氣整えマイスター®
吉村陽子 著

風水心理カウンセリング協会代表理事
谷口令 監修

かざひの文庫

はじめに

この本を手に取ってくださった家の片づけや環境づくり、収納にお悩みの皆さまへ。これまで、すこしでも家族が暮らしやすい空間になるように、家事がラクになるように、さまざまな工夫を試してこられたのではないでしょうか。

なのに、どうもうまくいかない……。便利そうな家具を買ってみても、収納術の本やSNSの情報を参考にしてみても、なぜかうまくいかなくて諦めてきたのかもしれません。

そんな悩みを抱えている方に向けて、この本を書かせていただきました。

はじめまして、整理収納コンサルタント、「家の氣整えマイスター®」の吉村陽子です。

私はもともと「超」が付くほどの片づけられない主婦でした。散らかった部屋をどうにかしたいと思いながらもうまくいかず、毎日イライラしながら家事に育児に奮闘する日々は、正直思い出したくないほどつらかったです。

ですが、あることがきっかけで、一気に家を片づけられるようになり、気付けば仕事にするほどお片づけのとりこに！　これまでに約６０００時間、８００回以上お客さまのお宅を訪問し、片づけのお手伝いをしてきました。荒れた部屋がお客さまの望む景色に変化する瞬間は、何度経験しても快感です！

そんな整理収納のプロである私ですが、実は「収納術」にはあまり注力していません。キレイなケースを並べるとか、アイデアやグッズでどうこうするとかは、正直どうでも良いとさえ思っています。なぜなら私自身があの散らかりほうだいだった部屋から抜け出せた理由は、そんな「術」のおかげではなかったからです。

ということで、この本には、収納術やテクニックの話はほとんど出てきません。そんなややこしい話ではない、誰でも散らかりの悩みから抜け出せる話がしたいのです。

家庭をもつ女性は思っている以上に、毎日やることがたくさんあります。そのため、なかなか片づけにまで手が回らず、散らかった部屋で心を疲弊させながら過ごしてしまいがちです。そんな皆さんに、心休まる暮らしを手にしてほしい。そしてがんばりすぎる暮らしは手放してほしいと心から思います。

そのために必要なのは、ちょっとした意識改革です。ややこしい仕組みを考えたり、苦労をしたりしなくても、片づけられる意識をインストールしてしまえばいいのです。コツさえ知ってしまえば、部屋の景色はみるみる変わり、やがて家族に起きる現象にも変化が起き始めます。実際に私のお客さまからは

「不登校だった子供が学校へ行くようになった」
「子供が難関校へ合格した」
「夫婦仲が改善した」
「数百万円の臨時収入が入った」
「好条件の不動産が見つかった」
「体脂肪率がグーンと下がってくれた」
「なかなか会えなかった赤ちゃんに恵まれた」

と、つぎつぎと嬉しいニュースが飛び込んできました。しかも、そのご家族がそのときもっとも望んでいることにプラスの変化が起きていくのです。これらはすべて偶然でしょうか？　私は、家のモノを動かすことで、見えない「氣」が動いたからではないかと思っています。

家の散らかりに悩む人は、それ以外にもおおきな悩みを抱えていることが少なくありません。ですから、まずは家の散らかりだけでも、さっさと解消してしまいましょう。だって片づけは、しょせんモノを動かすだけのこと。難しいことなんかじゃないのですから。筋金入りの散らかし屋で、面倒くさがり屋な私が言うのだから間違いありません。

家の氣を整えれば、おのずと人生も整っていきます。家族を幸せにし、望みを叶えていける土台は家にあるのです。そのことを信じて、片づけ意識を変える一歩を踏みだしてみてください。

吉村陽子

CONTENTS

CHAPTER 03

お客さまの実例 ～家を整えただけで家族の望みが叶っていく～

CHAPTER 04

家と悩みはリンクする ～氣の特徴を知ろう～

CHAPTER 05
6日間で人生が変わる片づけ意識改革マニュアル

THE LAST CHAPTER 収納術を忘れた先にあるもの

CHAPTER 01

私は
片づけられない
主婦だった

片づけられない本性が顔を出す

今でこそ、整理収納コンサルタントの資格をもち、数多くのお客さまのお宅を片づけまくっている私ですが、実はもともとキレイ好きなわけでも、片づけや収納のセンスがあったわけでもありません。いや、むしろその逆。片づけられない主婦でした。

まだ結婚する前、実家暮らしをしていた若いころは、自分が片づけられないタイプだとは思っていませんでした。なんなら、ちょっとキレイ好きなほうだとさえ思っていたんです。でもいざ結婚してマイホーム暮らしを始めてみると、徐々に「散らかし屋」の本性が顔を出し始めます。あちこちにモノを置きっぱなしにするのが当たり前になっていき、知らず知らずのうちに必要以上のモノを買いこむようになっていきました。

思えば、実家を出るまで一度も「家のすべてのモノを管理する」という経験をしたことがなかったので、なにをどれくらい買えばいいのかわかっていなかったのです。

2人目を産んだころの我が家は、とくに悲惨でした。床に物が散らかりほうだいで、足の踏み場もないような状態。子供のおもちゃや小さな椅子、たたんでいない洗濯物、届いたままの段ボール。足でモノをどけながら歩かなければならないような有り様でした。片づけたい気持ちはやまやまなのに、キレイなお家に憧れているのに、どうすればいいのかわからない……。そんなストレスを抱えながら、慣れない育児に家事に振り回されていました。

来客のときは、とりあえず見える部分のモノだけ退け、片づいてる風？　にしていたので、ぱっと見た感じはキレイなお部屋に見えたかもしれません。まさかあんな汚部屋に住んでいたなんて、友人たちは想像もしなかったでしょう。

しかし現実を知る夫からは

「ねぇ、これずっと置いてあるけどさ、使うのかよ？」

と、もう100万回くらいおなじ質問が飛んできました。言われてはじめて置いたままのモノに気付き

「はいはい、今やります、やりますから！」

と急いで片づけるのがお決まりのパターン。もう筋金入りの散らかし屋だったのです。

おもちゃ、服、その他ナゾの物体？　が散乱した部屋で髪を振り乱す私。

仕事から帰ってきた夫に散らかった部屋を叱られる毎日。

心のゆとりをもって接したいのにイライラMAXの子育て。

なにもかも、うまくいきません。

「私だってほんとうは、子育て中でも部屋をキレイに保てる素敵な妻でいたいのよ？　夫とだってもっと優しい口調で話したいし、子供にも優しく接したいのに！」

そう心で叫びながらも、まるで遠い現実しかありませんでした。

整理収納の努力の甲斐もむなしく

もちろん片づけるための努力はしていました。テレビや雑誌で見かけた「整理収納特集」を参考に、家具や収納グッズを買ってみては、自分なりにいろいろ工夫しました。

一度、郵便物を整理するために、百円均一でケースを買ってオリジナルの収納スペースをつくってみたことも。へんちくりんだったけれど、私なりにがんばりました！　でもそれを見た夫からは

「まあ……、気持ちはわかるけどね（笑）」

とバカにされる始末。

またあるときは、せまい洗面所にも置ける薄型の棚を買おうと決意。壁は一面埋まるけれど、そんなに場所もとらないし、我ながらグッドアイデア！　あとは夫の了承を得るだけ。というより、もう最終報告くらいの気持ちでした。

しかし、夫からは
「絶対にやめろ。それを買えば片づくってもんじゃないだろ」
と即却下されました。

このころの私は、
「これを買えばなにかが変わる」
「これさえあればうまく片づけられる」
と、いつも収納グッズに期待をして、買っては挫折、買っては挫折を繰り返していたんです。そもそも、片づけるためには「なにかを買い足さなきゃいけない」と思っていたので、どうしてうまくいかないんだろう？　とモヤモヤを募らせていました。

でも、そんな様子を見ていた夫は、問題はそこじゃないと気付いていたんですね。今思うと、あの薄型収納棚は買わなくて大正解でした。夫よ、よくぞ止めてくれた！

こんな調子だったので、当然、部屋は一向に片づきませんでした。それどころかどんどんモノが溢れていくばかり。どうにか整理してみても、翌日にはまた惨事に戻ってしまう状況の繰り返しでした。

家族に優しくなれない自分を責める日々

正直、このころの生活は思い出すだけでつらく、暗い気持ちになってしまいます。「家」とは本来、住人を守ってくれる、癒してくれる場所であるはず。なのに私にとっての家は、落ち着かない場所ナンバーワンでした。

夫を仕事に見送ったあと、子供と3人で荒れた家にいるのがいやでたまらず、日中は毎日のように子供を連れて外出しました。当時、まだ幼かった2人を連れて外に出るのは大変だったはずなのに、それよりも目の前の散らかった部屋から逃げだしたかったんです。ただ近所をほっつき歩いたり、友達の家に行ったり。用もないのにやたらと実家へ帰ったりもしていました。

ですが、当然外出すれば気も使うし体力も使います。疲れて帰って来て、家の扉を開けて現実を見るとさらにどっと疲れてしまう。

「あぁ、またこの空間であれこれやらないといけないんだなぁ」

これが、帰宅した瞬間の気持ちでした。自業自得ですが、癒しの「い」の字もない日々の繰り返しだったのです。

夫だってそれはおなじこと。仕事から疲れて帰ってきたのに家があんな状況だったら、文句のひとつも言いたくなるでしょう。私たちは毎日のように、散らかった部屋のことやささいなことが原因で口論になっていました。

ひどいときには私、食べ物を壁に投げてしまったこともあります。

「食べ物を投げるとは何事だ!」

と夫に怒られ（当然です）さらに喧嘩はヒートアップ。

こんな姿を子供たちに見せてはいけないと思いながらも、一度入ったスイッチは止められませんでした。当時はほんとうに、頭に血がのぼりやすかったんです。

一番つらかったのは、子供に当たってしまったことでした。大声をあげたって意味がわかるような年齢じゃないのに、つい怒鳴ってしまうのです。そしてまた自分を責めて苦しくなる……という悪循環がつづきました。

夫に相談すると

「かわいそうだよ」

と言われ、それは自分でもわかっているのよと、余計につらくなりました。

イライラ、焦燥感、つよい我慢。どうしてこんなにつらいんだろうと考えましたが、当時はまったく理由がわかりませんでした。

でも今なら、ハッキリとわかります。毎日荒れた部屋の景色を見て、散乱する大量のモノに囲まれながら過ごしていたら、自分をコントロールできなくなって当たり前です。料理をしていても洗濯をしていても、リビングでひと息ついたとしても、家中どこに行っても安らぎを与えてくれる場所なんてひとつもなかったのですから。

体に異変が起き始める

このころの私は、不思議なくらいずっと体調を崩していました。
上の子をみるために下の子をおんぶしていたのが原因でしょうか。ある日、首に激痛が走り、動かせなくなりました。下を向かなければならないおむつ替えなどは、もう激痛との闘い。必死でつらい姿勢をとっているのに子供があばれてぶつかってきたときには、意識が飛ぶかと思いました。

それでもお母さんに休みはありません。みっともない自分の姿と痛みに、泣けてくる日々でした。

鍼治療や整体にも行きましたが、なかなか良くならず、つぎは腰が痛い、脚が痛いと、常に不調を感じる状態が1年ほどつづきました。

さらに腹痛も頻発して、腸に異常があるのではないかと大腸カメラで検査したことも。
ここまでくると、まるで「病院好きな人」と勘違いされてもおかしくないくらい、しょっちゅう通院していたのです。

そんな状態を見かねた実家の母が、ついに泊まり込みで世話をしてくれるようになりました。このとき我が家の荒れた状態を見た母は、

「あなた、いろいろ買いすぎなのよ」

と、散乱した部屋を見て驚いていました。でも当時の私はまったくそんな自覚がなく、

「うるさいな」と聞く耳なし。

つづいて母は、玄関先に置かれたままになっていた、とっくに枯れ果てている鉢植えを見つけ、

「玄関が汚いから体調を崩してるんじゃないの？　これ、なんか良くない気がするわ！」

と枯れた鉢植えを片づけ始めました。

私からすると、「放っておいて、大丈夫だから！」といい気はしませんでしたが、すべ

て母の言うとおりだったのです。

枯れた花を家の入り口に置いておいて、いい氣が入ってくるはずありません。というか、そのことに気付かない時点で、心に問題があったのだと思います。

でも、当時の私の目にはまったくなにも映り込んでいませんでした。

心に異変が起き始める

荒んだ空間にいて、いつもイライラ、夫とは喧嘩ばかり。そのうえ体調も悪くなると、心まで蝕まれていくものです。

ある日テレビを見ていると、とある家族が不慮の事故に巻き込まれて亡くなるという悲惨なニュースが報じられていました。これを見たときふいに

「いいなぁ」

という自分の心の声が聞こえたのです。たまたま人生を終えられるなんてラクでいいじゃんと、ほんの一瞬だけ、恐ろしいことを考えてしまいました。

そしてつぎの瞬間、ハッと我に返りました。

「ちがう、ちがう。こんな感情おかしい！」

一瞬でも最悪のことを考えてしまった自分を認めたくなくて、夫にも母にも誰にも相談できません。すぐにかき消した思いでしたが、こうしていまだに覚えているくらいショックでした。


そのあと、心の限界が感じられて、出産でお世話になった総合病院を訪ねました。ただ、当時は心療内科に行くという発想がなく、とりあえず内科を受診してみたのです。

「どうされましたか」

と顔を向けた先生に、私は今の自分の状況を話そうとしました。

でも言葉にしようとしても、涙が出てきてうまく説明できません。必死にこのつらさを伝えようとしても、先生の表情は曇っていくばかり。


そしてつぎの瞬間、耳を疑うような言葉が返ってきました。

「そういうハッキリしないことに、今の日本は医療費を使えないんですよ。そういう状況わかりますか?」

まさかの説教が始まりました。これには私もカチンときて

「じゃああなたは、私が苦しんでいるこの状況はわかりますか?」

と泣きながら反論。横にいた看護師さんの気まずそうな顔が見えました。

つらい気持ちをどうにかしたくて相談しに来たのに、なおさら重く苦しい気持ちになって診察室をあとにすると、さきほどの看護師さんが飛んできて

「大丈夫ですか?」

と声をかけてくださいました。話を聞いていただきなんとか落ち着いたものの、納得いかない気持ちを抱えてその日は帰りました。

そして、夫にその出来事を話すとなんと大激怒。当時はまだおおきかったボイスレコーダーをどこからか用意してきて

「そいつと話してくる！　会話も録音してくるから！」

と言い、家を飛びだしていきました。

その後、直接病院と話をすることができたようで、最終的に診察代を全額返金してもらい帰ってきたのです。

ギクシャクしていた私たち夫婦ですが、このときの夫の行動はとても心強いものでした。というか、あんなにずっとイライラしていた私をよくぞ見捨てず、一緒にいてくれたなと感謝してもしきれません。

使わないモノは捨てていいんだよ

終わりなき家事や育児に、ストレスの針が振り切れていたある日、この状況を変えられるかもしれないと思える出来事がありました。

やましたひでこさんの『新・片づけ術「断捨離」』（マガジンハウス）との出会いです。

当時大ヒットしていたこの本は、テレビや雑誌でもよく特集されていて、私も「断捨離」という言葉のインパクトが気になり読んでみたのです。

　すると、これまでの片づけにたいする考え方が、ガタガタと音を立てて崩れていきました。片づけるために必要なのは、収納グッズや凝ったアイデアではなくて、不要なモノを「捨てる」ことだと知ったのです。

「捨てる」なんてそれまで考えたこともなかった私は、本の前半を読んだ段階で居ても立ってもいられず立ち上がりました。そして、とりあえずキッチンに行き、手始めに〝壊れた〟お弁当箱を捨ててみたのです。

　どうして壊れたお弁当箱があるの？　と不思議に思われるでしょうか。当然ですよね、自分でも

「私、なにやってたんだろう？」

「なんで使わないモノを溜めてたんだろう？」

と、不思議でした。

すると、どんどん出てくる「使っていない」「壊れている」モノたち。このとき捨てたお弁当箱は大小さまざまで、数にして5～6個だったでしょうか。使えないのにスペースだけ支配していたモノを捨てたことで、そこに空間ができて、棚にゆとりがうまれました。

「あれ？　ほかのモノが取り出しやすくなったな。見た目もキレイだし、なんだか気持ちがいい、すごく気持ちがいいぞ！」

頭の中がスーッと晴れていくような感覚がありました。このほんとうにささいな体験から、私の心におおきな変化が起き始めます。

なぜ、使わないモノでわざわざスペースを窮屈にしていた？

待てよ、まだまだ余計なモノがあるんじゃないか？

使えないモノ、使っていないモノを出すんだ私！

そう気付いたとたん、鼻息あらく目をギラギラさせ、ゴミ袋を片手に家中歩き回りだしました。

「使わねぇの、いねがー！」

まるで秋田のなまはげのような勢いです。すると、出てくる出てくる、使っていないムダにスペースを埋めているモノたち。不要なモノが見えるようになる機能を、インストールしたかのように、どんどん見つけられるようになっていきました。

ずっと着ていないシャツやスカート
なんとなく取っておいた子供服
趣味に合わない食器
賞味期限の切れた缶詰
カピカピになったタオル

何年も使ってない加湿器

連日のように
「さあ、今日も行くぜっ！」
となにかにとり憑かれたかのように捨てまくっていきました。
そんな私を見て、夫は
「そんなになんでもかんでも捨てるなよ！」
と心配そうでしたが
「いいのいいの」
とお構いなしで続行しました。

はじめて手にした「捨てていいんだよ」という判断基準は、私にとってまさに衝撃のひと言だったのです。
捨てるだけなら簡単だし、しかも目の前がすっからかんになってスペースができる。

「ああ、なんてうっとりする眺め。こうもラクになるのかい?」
どうして今まで気付かなかったんだろうと、感動が止まりませんでした。

もちろん最初のうちは、捨てることに多少の罪悪感もありました。でもそれよりも
「もっとあのうっとりする景色を見たい、もっと見たい!」
という気持ちのほうがどんどんおおきくなっていったのです。私はその感情を信じて、迷わず突き進むことにしました。それくらい「捨てる」ことで起きた「心の変化」は、おおきなものでした。

なにをするにもウキッ♪　とするご機嫌な暮らし

家中のいらないモノを一通り捨てきるまで、トータル100個以上のゴミ袋を出したでしょうか。

このとき、はじめての感覚と出会いました。家の中でなにかをやるたびに「ウキッ♪」

と心が躍るのです。もっとわかりやすく言うなら、「うん♪　イイね！」という気分。

玄関を開けても、洗面所で歯を磨いても、キッチンでご飯の支度をしても、家中どこでなにをしても目に入る景色はスッキリとしていて、見るだけで気持ちよく、心がウキッ♪とすることが増えたんです。

女性はとにかく家中いろいろな場所を移動して家事をすることが多いので、それぞれの部屋から受けるささいな感情を溜めていきます。それらが「イライラ」から「ウキッ♪」に、まるでオセロを黒から白にひっくり返したみたいに変わっていったのです。ただモノを捨てただけなのに。

すっかり整理された家を見て

「こうなったからには、もっと使いやすくなるようにモノを収納していきたい！」

という欲求が爆発しました。そこで、専門的に学んでみようと思い、調べてたどり着いたのが「整理収納アドバイザー講座」。さっそく申し込み、家を整えるための基本や手順を落とし込んでいきました。

そこからはもう夢中でした。モノが片づいていく快感を知ってしまった私は、自分の家だけでは飽きたらず、友人知人にも
「片づくとほんとうに気持ちいいよ！」
と声をかけ、あちこちの家にお邪魔して片づけさせてもらうようになったのです。するとこれが大好評！
「つぎは実家の片づけもしてほしい」
と相談が殺到するようになりました。

「部屋にスペースができてうっとりする感覚、ウキッ♪　と心が躍る感覚をもっともっと味わいたいし、多くの人に知ってほしい！」

そんな思いがおおきくなっていたとき、夫から

「そんなにやりたいなら仕事にすれば？」
というアドバイスが。そうか仕事にすれば大好きな片づけがたくさんできる！　そう気付いた2013年、起業を決意しました。

まさかあの散らかし屋だった私が片づけを仕事にするなんて、誰が想像できたでしょう。しかも、昔はパートに行ってもどれも長続きしなかったのに。そんな過去を知っている夫は、私が片づけを仕事にすることも、そもそも自分でビジネスをすることさえも驚きだったようです。

この幸福感をみんなに知ってほしい

こうして私は、たったひとつのことがきっかけで「荒んだ部屋に住む自分」から「美しく整った部屋に住む自分」へ変わることができました。100個以上のゴミ袋を捨てたあのときから、昔の部屋に逆戻りしたことはありません。

これまで「もっともっと!」と、モノを増やしていくことと引き換えに、実は多くの〝なにか〟を失っていたんだなと、気付いたのです。

そして、「片づけるためにはなにかを買い足さなきゃいけない」という思い込みが、ほんとうに手に入れたい暮らしを遠ざけてしまっていたことにも、気付けました。

家にいる時間がゆったりとして落ち着く。

焦りもイライラもなく穏やかに流れる時間。

母としておおらかに子供たちと向き合える。

そんな、当たり前だけど手に入れることはできないと諦めかけていた暮らしが、ただモノを捨てただけで手に入るなんて思ってもいませんでした。

家の中がスッキリと片づいたことで、心も体も癒され、家族との関係も驚くほど改善しました。モノが散乱した部屋で髪を振り乱す私も、大切な我が子に八つ当たりして自分を責める私も、もういません。仕事から帰ってきた夫に叱責されることもなくなり、今は安らげる部屋で夫を迎えることができています。家ですごす時間が心地よくて、心の底から大好きです。

ここまで変わるために私がやったことと言えば、ただ「家にあるモノを選び抜くこと」だけ。モノが最適な量にさえなれば、暮らしはもっと快適になり、心のゆとりも手にすることができるのです。この喜びと幸福感を、みんなに手にしてほしい！ 子育て中でも、いいえ、子育て中の忙しい時期だからこそ、心にゆとりを持てるような整った空間を用意して、自分を癒してあげてほしいと思います。

家族全員の幸せをつくるのは「氣」が整ったお家です

これまで数多くのお客さまのお宅で作業をしてきて、わかったことがあります。

それは、家それぞれに「氣」のようなものがあるということです。いきなりスピリチュアルな感じがするでしょうか。ですが多かれ少なかれ、誰もが「なんかいい感じがする」

「あまり居心地がよくない」という氣を察知しているはずです。

私の場合、スーッと軽やかに感じたり、逆にズンと重く感じたり、濁りを感じたりします。玄関の前に立っただけで、中は見なくても「なんだか重い」と感じたり、ほかの部屋は問題ないのに「この箇所だけは気になるな」と感じたりすることもあります。

ですが整理収納作業をすすめていくうちに、「家の氣が通りだした」「氣が整った」と感じる瞬間があります。わかりやすいときには「やっと息がしやすくなった！」と体感が変わることも。

その明らかな違いに、ひとりで「わぁお♪」と晴れやかな気持ちに浸ってしまいます。

実は私は、片づけで大切なのは、モノを整えることだけではなく、モノや部屋を整えることで「家の氣」を整えることだと思っています。

実際に、整理収納を終えたあとに良い変化を経験するお客さまが多いのは、この「氣が整った」ことが関係していると思えて仕方ないのです。これについては、のちほど実際の例を紹介させていただきます。

「気が整った家は、家族全員の幸せを育んでくれるんだ」

そう気付いたころから、私は「家の氣整えマイスター®」という肩書を使うようになりました。

家の氣を動かすなんて、なんだか難しそうと思われるかもしれませんが、そんなことはありません。

実際に動かすのはモノです。モノを動かすと、しぜんと氣が整っていくのです。モノは人の手で簡単に動かせます。そんなすぐに動いてくれるモノと一緒に、家の氣までもプラスに動いてくれるのです。

こんな単純なことなのに、私たちはつい難易度の高いトライや間違ったアプローチばかりして、自分で自分の首をしめてしまっています。

まずはその手を離してください。ほら、その手ですよ。間違った認識を手放すだけで、あなたと、あなたの大切な家族を癒す空間はつくれます。

そのためには、まず片づけられる意識をインストールしましょう。

ではつぎの章で、くわしい方法を説明していきます。

CHAPTER 02

「片づけ意識」は誰でも手に入れられる

そもそも「家」とはなにか

ではここから、片づけられる意識づくりをしていきましょう。ゴールはもちろん「家を片づけられるようになる」ことですが、それはひとつの通過点にすぎません。ほんとうのゴールは、家の氣を整えることで「自分や家族を幸せにする」ことです。

いきなり「家族を幸せにする」なんて言われてもイメージしにくいかもしれませんね。ではまず、そもそも「家」とはなにか？　について考えてみましょう。

家族が生活を営む場所？
雨風からしのいでくれる場所？
仕事から帰ってとりあえず寝る場所？

いろいろな捉え方があるでしょうが、何百件とお客さまの自宅を見てきた私がたどり着

いた答えは

「家とは家族の運気に直結する場所」

ということです。

たとえば、家が安心できる居心地のいい空間だったら心身のバランスも整いやすくなり、自分が本来もっているチカラを最大限に発揮できるようになります。するとパフォーマンスが上がるので、運やチャンスもつかみやすくなるのです。

逆に、家が落ち着かない空間で、いつもイライラしたり焦燥感にかられたりする空間だったらどうでしょう？　おそらく、せっかくもっている自分本来のチカラを発揮しきれず、運やチャンスが巡ってきても気付かなかったり、諦めてしまったりしかねないんじゃないでしょうか。

昔の私は、まさにそうでした。パートで働きに出てもぜんぜん長続きしなかったんです。接客業や歯科助手などいろいろとやりましたが、どれも2ヶ月ともちませんでした。すこし注意されただけでメンタルがやられ、もう行きたくなくなるのです。雇う側にとってはほんとうに困ったタイプですよね。パートもろくにできず社会からも遠ざかり、もともとなかった自信がさらにグラグラになっていきました。

今にして思えば、土台がなかったのです。自分の疲れを癒して、さあまた明日からもがんばろうね！　とチカラをチャージできるような生活の土台――そう、家の状態がグラグラでした。

でも、今はまったくその逆。家が整い、土台としてしっかり支えてくれるようになったおかげで、私は自分に自信がもてるようになり、行動力も手にして、ついには起業までしてしまいました。

社会と関わることが増え、責任も重くなりましたが、前みたいにへこむことはほとんどありません。いちいち立ち止まっていたら、なにもできなくなりますからね。

家は家族全員の暮らしの土台、ひいては人生の土台です。その土台をいかに整えられるかどうかで、上に積みあがっていく人生の安定感が変わるのは間違いありません。

心地いい家の条件①——まずは清潔であること

家族の暮らしを支える土台となるような「家」は、心地いい空間であることが理想です。といっても、ただ「モノが少なければいい」「インテリアのセンスが良ければいい」というものでもありません。では一体どんな家が心地いいのでしょうか。

まず、なによりも絶対大事！ な条件は「清潔」であることです。

家の中がたくさんのモノで散らかっていると、当然掃除が行きとどかなくなるので、清潔な状態は保ちづらくなります。

「散らかり」は「不潔」に直結です。すこしくらいいいだろうと、甘くなってはいけません。氣がクリアになって「気持ちいい！」という状態にまでもっていって、はじめて家族全員にとっての「心地いい」空間につながります。そのためにも、まずは不潔の原因となる「散らかり」を改善してください。

たまにいらっしゃるのが

「すこし散らかっているくらいが落ち着くんです」

という方です。でもはたして、ほんとうにそうでしょうか。

「じゃあホテルに宿泊したとき、気持ち悪いと感じますか？」

と聞けば、おそらく「そんなことはない」と答えるはずです。

むしろ、重いスーツケースを引きずって、あのスッキリと片づいたムダのない空間に入ったとたん、

「はぁ～やっと着いた」

と落ち着くのではないでしょうか。不要なモノがないシンプルな空間をいやがる人はほとんどいません。

ですから、ちょっと散らかっているくらいがいいという考えや家族の声は、軽くスルーでどうぞ！　整った清潔な空間を目指して片づけていきましょう。

心地いい家の条件②——生き生きとした空間

実は、家が死にかけているようなお宅というのがあります。人が住まなくなった家は朽ちていくと言いますが、人が住んでいるにもかかわらず朽ちている感じがするのです。

その原因はなんでしょうか。答えは「活かされていないモノ」で溢れているからです。たとえば、あるお宅を訪問したとき、部屋の奥に一台のスタンドランプを見つけました。一見オシャレでしたが、近くで見ると分厚いホコリをかぶり、劣化して、もう何年も使われていない化石のような状態でした。これが、〝活かされていない〟ということです。

ほかにも、壁紙がおおきく剥がれた状態のお宅や、山盛りの荷物置きと化したテーブルやイス、苔だらけで水が濁ったままの水槽などもよく見かけます。どれも本来あるべき姿、役割から遠く離れてしまったモノたちです。

このように、手がかけられていないモノで溢れていると、その家の生命力はそがれていきます。私が昔、玄関先に置いていた枯れた鉢植えも、まさにそうでした。本来なら家に生き生きとしたエネルギーを与えてくれるはずの生花が、まったく活かされないまま、逆に悪影響を与えてしまっていたのです。

生気を失った家で暮らしている人に
「元気を出して、さぁ片づけよう！」
と言ってもそれは無理な話よね、と思います。そのエネルギーが枯渇していて困っているのだから。

でもその原因をつくっているのは、しょせんは単なるモノです。持ち主が手をかけてあげれば、かならず家は息を吹き返します。

「そんな気力すらない」
「とても立ち向かえそうにない」
というときは、私たちの出番です。遠慮なくプロを頼ってくださいね。

心地いい家の条件③——帰ってきた瞬間ホッとする玄関

「心地いい家」をより具体的にイメージする簡単な方法があります。こんな想像をしてみてください。

一日中外で働いて疲れて帰ってきて、玄関のドアを開けた瞬間、心身ともにホッと安心できるなぁ、と思える空間。これが心地いい家の感覚です。

今の自宅の玄関はどうでしょう。寒さや雨、仕事疲れなどのストレスを抱えて帰ってきた自分を、優しく迎えてくれる場所ですか？　もしそんな玄関じゃないのなら、まだまだ伸びしろがあるということですね。

玄関は、疲れて帰ってきた住人を最初に出迎えてくれる大切な場所です。
それなのに、とりあえず玄関に置いたまま……といったモノが溜まりがちな要注意ゾーンでもあります。

段ボールで届いた荷物をそのまま放置していませんか？
いくつものバッグをとりあえず置いたままにしていませんか？
必要以上の本数の傘を溢れさせてはいませんか？
捨てようと思っているモノを何ヶ月も置きっぱなしにしていませんか？
油断すると、すぐに玄関とは関係のないモノまでもが増えていきやすいのです。

もちろん、靴を何足も出しっぱなしにしている状態も良くありません。見た目もそうですが、臭いまで放出されると、一気に心地いい家から遠ざかってしまいます。靴はたたきに出さないのがベストですが、どうしても出しておきたい場合はせめて家族の人数分以上の靴は収納しましょう。

何度も言いますが、理想の玄関は、自分や家族を丁寧に迎え入れてくれる空間です。そんなあたたかい家に整えることができれば、きっと心の底からホッとすると思いますよ。

心地いい家の条件④――捨てればいいってものでもない

最近は、ストイックにモノを減らして、持たない生活を楽しむという人が増えました。いわゆる「ミニマリスト」と呼ばれる方々です。ＳＮＳでも、ミニマリストたちの発信は人気コンテンツのひとつ。参考にしている人もいらっしゃるでしょう。

ですが、心地いい家の条件を考えたとき、あまりになにもない部屋では冷たすぎる気がするのです。

以前テレビで、ミニマリストの特集が放送されていました。

趣味や嗜好品はもちろん、家具もほとんどなく、色味のないモノトーンな空間。そんなガランとした部屋を見たある女性タレントさんが

「殺し屋の部屋？」

とコメントしていました。極端なコメントではありましたが、私もどこか違和感をもって見ていたので、ものすごく共感してしまいました。人間らしいぬくもりがほとんど感じ

られないのです。

家は、人が〝暮らしている〟場所なのに、あまりにもモノがないと、その暮らしすら感じられなくなります。凍てついているようで、人の「氣」や「思い」が消えてしまっているようです。

なにごともバランスが大事。やりすぎるのもどうかな、というのが私の考えです。

ですから、整理収納のアドバイスをする際は、使っていないモノや不要なモノは手放しましょうと伝えていますが、なんでもかんでも捨てればいい！　とは思いません。

あくまでもゴールは、自分や家族みんなにとって心地いい暮らしを実現すること。そのためには「あえて捨てないモノ」があってもいいのです。

それが、見たり手に取ったりしただけで心があったかくなるモノなら、なおさら大切なモノとして残しておきましょう。

心地いい家の条件⑤——選ばれしモノで家を満たす

私が片づけの楽しさに目覚めたとき、家の中でなにかするたびに「ウキッ♪」と心が躍る感覚がありました。今にして思えば、このウキッ♪　こそが、意識改革のターニングポイントだったと思います。

今でも整った部屋をキープしつづけることができているのは、このウキッ♪　を部屋中にセッティングしているからです。

たとえばキッチンに置いてあるちょっとしたボトル、見るたびにウキッ♪　とするデザインかしら？　洗面所のタオル、見た目も使い心地も良くてウキッ♪　とするかしら？

ちいさなことかもしれませんが、この自問自答が心地いい家をキープするのに効きます。

整理収納ばかりにこだわるのではなく、「なにを買うか？　家に入れてもいいモノはどれか？」を選び抜くことも、片づけ意識の大切な要素なのです。

私の場合、もう二度と昔のような部屋には戻りたくないので、モノを買うときは「このわたくしめの家に入れることを許可できるのかい？」と、かなり厳しいオーディションをしてから迎え入れるようにしています。

たとえば大好きな洋服なんかは、衝動的に買わないよう注意。「これを着ている自分ってどうだい？　素敵かい？」と何度も自分に質問し、シミュレーションを重ね、それでも迷ったときには憧れの人に着せてみます、頭の中で（笑）。

私は伊藤蘭さんが好きなので、「ランちゃんが着たらどうなるかな？」と勝手にイメージして、最終的に買うかどうかを決めています。

こうしてさまざまな質問に「イエス」と答えたモノだけが、我が家の門をくぐることができます。いろいろな角度から脳内オーディション？　をしてみれば、衝動買いの失敗や後悔が減りますし、モノが厳選されるのでオススメです。

すると気付いたころにはウキッ♪　とするものばかりが集まり、家のどこに移動しても気分がいいと感じられる空間が完成しています。

お母さんの機嫌が良いと家庭が明るくなりますから、家にはお母さんの気分が上がるモノを迎え入れましょう。家族みんなにも、かならずいい影響がひろがりますからね。

片づけは難しいことじゃありません

「心地いい家」とはどんな空間か想像できたでしょうか。ではここからいよいよ、片づけ意識を書き変えて、誰でも家を整えられるようになる話をしていきます。

まず知っていただきたいのは、片づけは難しいことなんかじゃなく、誰にでもできるということです。

「私って片づけられない人なんです」

と口癖のように言う人がいますが、わざわざ自分で決めてどうする！　どうせなら逆の暗示をかけてしまいましょう。


「私は片づけられまーす」

「私は余裕～で捨てちゃうよ」

「捨てたって一大事は起きやしないんだから」

今日から自分はできるんだと信じ、読みすすめていってくださいね。


では、その信じる気持ちをさらに強めるために、つぎは片づけの目的を具体的にしていきます。そもそもなんのために家を片づけたいのか、考えてみてください。


きれいになった家に友人を呼んでティータイムを楽しみたい？

ひとりの時間を優雅な気分で過ごしたい？

家族団らんできる空間が欲しい？

なるほどなるほど。でもね、それではまだぬるい！　もっと具体的に、片づいたその先に「片づく以上のなにを得たいのか」を考えてください。

そのティータイムであなたはどんな服を着ている？

どんな表情をしている？

会話の内容は？

今の現実とどんなふうに違う？

リアルにリアルにイメージできましたか？　なんならそのシーンで着たい服を買っちゃえばいい！　自分を追い込んでみるのもアリです。後に引けなくなれば人間やりますから。

そして片づけ始めれば、かならず体感するんです。知らなかった景色や、忘れていた感情。想像もしていなかった変化がまわりで起き始めるでしょう。

それらを知ってしまえば、二度と手放したくなくなるはずです。もう、あんな荒んだ環境でイライラしている自分には戻りたくない、と。

つまり「片づけられる自分」に変化するための第一歩は、思い込みの苦手意識をバッサリ捨て、「得たい現実」をリアルにリアルにイメージすることです。ぼんやりとした「片づけたい」から、「片づけられる」「片づけたほうが絶対いいに決まってる」に、考えをアップデートさせましょう。

散らかっているのは◯◯のせい

そもそも、片づけられないのはあなたのせいじゃありません。自分を責めないでくださいね。では誰のせいなのか？　ご主人のせい？　子供たちのせい？　ペットがいるから？　どれも違います。

部屋中に堆積した「モノ」のせいです。

たとえば、サイズアウトした子供服、まとめ買いしたけれどもう食べない健康食品、趣味じゃないけれどたまたまいただいた景品など、そのままなんとなく放置していませんか。

すっかり記憶からも消え去り、もう何年も放置された「活かされていないモノ」たちは、徐々に「負の念」を発し始めます。無視されつづけている恨みの念です。（怖いっ）

そしてそれらは、いつしか邪気となって住人にまとわりつき、人の心さえも蝕んでいくのです。こうなると、せっかく住人が片づけようと思っても、

「もうすこし居させて」

「持っていたほうが安心でしょう？」

と、全力で邪気に引っ張られてしまいます。ヤツらも必死なのです。

つまり、どんなに片づけようと思っても挫折してしまうのは、自分のがんばりが足りないせいでも家族の誰かのせいでもなく、溜まった邪気のせいです！

これを知ったあなたは、もう自分を責める必要なんてありません。

あとは「ヤツらには負けない」とかたく心に誓い、使っていないモノからゴミ袋にぶち込んでいくだけです。まずはひとつでもいいから処分しちゃってください。

捨てればそのぶん空間ができてスッキリし、

「あら？　ちょっと気持ちいいんじゃない？」

となるはずです。

そう、その感覚こそが心地いい暮らしへの道しるべ。そのまま突きすすめば、想像以上の幸福感が待っていることを約束します。迷わずその先へすすんでいきましょう。

きっとしばらくすると、

「また疲れちゃった」

「やっぱりムリだ」

と諦めたくなると思いますが、そこでやめてしまえばヤツらの思うつぼです。

「もう邪気には負けない！」

「引っ張られない！」

と、強い気持ちで打ち勝つのです。

今度こそ夢だった心地いい暮らしを手にしましょう。

ヤツらの正体、それはただの「モノ」である

長年放置されて邪気を発するようになったヤツらは、なかなか手ごわい相手です。手ごわいからこそ、これまで何度成敗しようと思っても、途中で折れて手を下すことができなかったのだと思います。

でも、冷静になって考えてみてください。ヤツらはただの「モノ」です。出て行っていただくのに難しい交渉をする必要も、説得する必要もありません。ただの物質なのだから。人間の手によって家の中に入れたモノは、人間の手によって外に出すことができます。そう捉えなおしてみると、そんなに難しいことではない気がしてきませんか。

心が折れそうになったら、あまり難しく考えず、一度心を「無」にして、淡々と手を動かしていくのがポイントです。

不要なモノさえ手放せれば、一気に邪気から解放されて家の中も自分自身もなんだか軽くなった！　と感じるでしょう。

必要なのは「やる気」ではなく「時間」です

片づけは、誰にでもできます。あるものを用意さえすれば、決して乗り越えられない壁じゃありません。

その用意するものとは、「時間」です。

うまい話じゃなくてごめんなさい。でもこれって、とても重要なことなのです。逆に「すぐに片づく」「簡単にできる」と思って取り組むほうが、あとでやけどを負います。

短時間でさら〜っと済ませる片づけは、表面的にうすく片づけているような状態です。つまり、とりあえず入りそうなところに無秩序に突っ込んで、とりあえず目の前から消し去っただけ。これだと、一見キレイに見えても、扉や引き出しの中はムダなモノが押し込まれている状態なので、結局モノの出し入れがしづらく、出したら出しっぱなしに逆戻りです。せっかくちょっとがんばったのに、ふたたびイライラやモヤモヤ感を募らせてしまいます。上っ面の見栄えだけにこだわったやり方では、暮らしを快適に変えることはできないのです。

内面からしっかり片づける作業には、相応の時間がかかると思ってください。しかも、モノの量が多ければ多いほど時間はかかります。このことを知ったうえで始めたほうが

「こんなはずじゃなかった……」

と、むやみに心が折れることもないはずです。そこそこ時間がかかるものなんだと思って取りかかり、途中ゴールが見えなくなっても

「これくらい想定内よ」

と、ドンと構えていきましょう。

あ、そうそう。本気で片づけに取り組む日はかなりの労力を使います。だから、その日の家事は手を抜いてくださいね。なんならご飯は弁当でも買っておいてください。

そうは言っても、

「時間がかかると言われるとやる気が出ない」

「そもそもやる気が出ないから困っているのよ」

と思ったそこのあなた。その気持ち、とてもわかります！

ですが、そんな方に朗報です。実は、片づけにやる気は必要ないのです。散らかった部屋を見るとゾクゾクするお片づけ変態の私ですら、自分の家を片づけるのが面倒くさいときがあります。マニアじゃないかぎり、すすんでやりたいだなんて誰も思いません。

待ったとて、やる気は出ないんです。命の危険が迫っている！　とか、よっぽどのことがないかぎり人間って行動しないもの。

ですから、無理やりやる気を出そうとしないでください。それよりも必要なのは、まとまった「時間」を確保すること。それさえできれば、未来はおおきく変わります。

忙しい人ほど片づけのストレスから解放されるべき

まとまった時間をつくってと言われても、

「子供が小さいうちは無理」

「働きながらだと片づけにまで手が回らない」

と諦めたくなりますよね。たしかに私も、子供が小さいうちはそれどころじゃありませんでした。片づけたい気持ちはあったものの、家のモノを見直したり使っていないモノをまとめて処分したりする時間はつくれませんでした。というより、そもそもそんな発想さえなかった……。

だから手軽な収納グッズに頼っては、余計に自分を苦しめていたんです。

そんな経験があるからこそ、声を大にして言いたい。忙しい人ほど、一度しっかり時間をとって家の中にあるモノたちと向き合うべきです。

家庭をもつ女性は、思っている以上に毎日やることがたくさんあります。子供たちや家族を守るために、本能的にアンテナを張って生活しているのです。けがや命の危険に関することはもちろん、ささいなことまで考えを巡らせていて、常に脳みそはフル稼働状態。

今日のお天気は？　洗濯物干せるかな？

洗い物済ませたっけ？
そろそろ布団を干さないと。
今日のご飯はなににする？
明日の弁当のおかずはどうしよう……。
トイレットペーパー切れそうだったな！
子供が工作の材料いるって言ってたっけ？
なんかお友達と揉めたらしいぞ？
塾の先生にそういえば……。
旦那は今日はやく帰るって言ってたな。
明日の仕事の準備をしなくちゃ。

書いているだけで気が狂いそうです。
こんなに偉い偉い私たちなのに、さらに部屋をキレイにするのも主婦の仕事のように言われてしまいます。

忙しい女性たちを、片づけの呪縛から解放してあげてほしい。
モノの量自体をコントロールして、片づけごときに私たちの貴重な時間と労力を使わないで済むようにしたいのです。

そうすれば、
家にいるのになぜか落ち着かない。
探しものが見つからなくて時間をとられイライラする。
散らかっていることが原因でケンカになる。
来客のたびにあわてて部屋を片づける。
「あれどこ？」と家族からしょっちゅう聞かれる。

こんなストレスや、余計なわずらわしさをグッと減らすことができます。
そのためにも、一度しっかり時間をつくってください。そうすれば、日々のメンテナンスなんてね、とっても軽く済みますから。

片づけのための時間のつくり方

では、肝心の「時間のつくり方」についてお話しします。

「今度の連休にがんばります」

「仕事が一段落したら取り組みます」

「体調が戻ったらやります」

このような決意表明をよく聞きます。

けれど、実際にそのときが来ると旅行に出かけたり、撮りためた録画をみたり、なんならとくになにもせずゴロゴロしたり、していませんか？

いや、もちろんいいんですよ？　やっと時間ができたんだもの。家族との時間や趣味を楽しむ休日だって大切です。

でも、思い出してみてください。片づけたその先の、欲しかった暮らしを！

「時間が有り余って、なにもやることがなければ片づけようかな……」

この程度では、面倒くさい片づけになんて一生手をつけることはできません。面倒くさいことだからこそ、最優先事項に上げないと、人はラクなほうへ流れてしまうのです。

正直、片づけってやらなくても死にはしないので、ついつい先送りにしてしまうのもわかります。でも、先送りにした期間、ずーっとモヤモヤ、イライラしていませんか？　頭の片隅で気になりながら「あとで、あとで……」と手を付けずに放置していると、それらは確実にあなたの気持ちを下げ、エネルギーを奪います！　そんなストレスに押しつぶされてしまう前に、まずはまとまった時間を確保し、本腰を入れましょう。

旅行よりも、趣味よりも、ほかのなによりも、「片づける」をトップに掲げるのです。だって、ほんとうは手に入れたい暮らしがあるのだもの。場合によっては、家族会議にかけてもいいくらいです。「今度の休みにすべき重要課題」というテーマです。

時間は、つくると決めたらつくれます。どうか片づけのための時間を捻出してください。それさえできれば片づけは一気に加速し、あなたが描いていた、夢の快適生活はかならず手に入ります。

「片づくマインド」はつくれる

時間を確保することができたら、あとは「気持ち」の問題になってきます。

私は、これまで200人以上のお客さまのお宅の片づけをサポートしてきましたが、家の状態をキレイにキープできる方もいれば、残念ながらすぐにまた元に戻ってしまう方もいらっしゃいました。その後、ふたたび私をお呼びくださる方もいれば、そのまま諦めてしまった方もいるはずです。

この、キープできる方とそうでない方との違いはどこにあるのだろうと、ずっと考えてきました。そして数多くのお客さまと接するうちに出たひとつの結論は、「マインド」、つまり「思考」が大事だということです。

あるお客さまから、このような感想をいただきました。

「散らからない家ってこういうことか！　とわかりました。散らかっても元に戻すのがラクになりましたし、ムダなモノも買わなくなりました」

このお客さまは、一度ラクさを体感したことで、もう前のような状態には戻りたくないと強く思われたそうです。

また別のお客さまからは

「たまにいらっしゃる人のため、いつか使うときのため、そういうモノってそんなにいらないんだなと実感しました。家には家族にとって必要なモノだけあればいいとわかれば、ほんとうに大切にしたいモノが見えてくるんですね」

というお声をいただきました。ただしい手順や考え方を知るだけで、長年の悩みは一気に解消されるものなのです。

このように、マインドが変われば家はずっとキレイに保つことができます。マインドこそ、片づけ成功の鍵！　一度身につけてしまえば、もうお家の整理に悩むことはなくなります。たとえ時間がかかったとしても、一生ものの財産になるでしょう。

これが真実！　収納術では家の中は片づきません

なぜ、昔の私が片づけに挫折しつづけてきたのかといえば、収納術にばかりとらわれていたからです。

「え？　片づけるためには収納が必要なんじゃないの？」

と思われるかもしれません。もちろんそれもひとつのポイントではあります。

ですが、順番がちがうのです。

整理収納のただしい手順を簡単に説明します。

①モノをすべて出す
②「使う」と「使わない」に分ける
③「使う」と残したモノたちを仲間分けする
④収納する

この①②③をすっとばして、いきなり④に取り組むから失敗するのです。

しかも、「突っ込む」「しまい込む」「とりあえず見えないようにする」といった〝片づいている風〟を装う人も少なくありません。かつての私のように。


散らかっている理由は、スペースにたいしてモノがキャパオーバーになっていることです。まるで、1リットルのペットボトルに2リットルの水をダバダバと注ぎつづけて、

「あれ？　おかしいな？　なんで入りきらないんだろう」

と言っているような状態です。これって、水を1リットルにすれば収まる話で、そこに難しい「術」はいりませんよね。

こんな簡単なことなのに、昔の私は
「片づけ方がまったくわからない」
「なにをどうしたらいいのかさっぱり」
と、巷に溢れすぎている収納術やグッズを試しては、余計に難しく、ややこしく考えて

しまっていたのです。

いつも雑誌やSNSで、収納術情報を収集している人は気を付けてください。便利グッズやキレイなボックス、ケースを使った方法がたくさん公開されていますが、あれらは収納マニアたちの「作品」です。

マニアは、美しく入れたり並べたりすることに惜しみなくチカラを注ぐので（それも無意識で）、そのためにはモノの量やサイズを徹底的に調整します。

それを、通常の暮らしをしている私たちが再現しようとしたところで、「あれ、入らない……。どうも思ったのと違うな」となるのです。

ですから、ペットボトルでたとえたように、まずモノの量を調整して、必要なモノだけに絞りましょう。

片づけの答えは、超シンプルなのです！

ただしい思い出の管理方法とは

子供の使わなくなったランドセルや洋服、靴。いつか捨てよう、いつか人に譲ろうと思ってそのままになっていませんか。

最近では、ランドセルを思い出に取っておきたい人のために小さくリメイクしてくれるサービスがあります。ほかにも、思い出のモノをデータ化したり小サイズ化したりする方法も。捨てがたいという人は、こういった別のカタチにするなどのサービスを利用してみてください。

ただし、あとで……ではなく今すぐ問い合わせることです。

また、昔の手紙やプレゼントも、なんとなく捨てられずに残ったままになりがちです。古くくたびれた段ボール箱にギュウギュウに詰め込んでいる人も多いはず。でもこれだと、大切な思い出の扱い方としては悲しすぎます。宝物なら宝物らしく、キレイな状態にして丁寧に扱ってあげましょう。

そういう私も、昔は子供が描いた絵などの作品を捨てられず、すべて取っていました。

大切に保管していたつもりでしたが、実際には複数の適当な紙袋にざっと入れて、棚の奥へ詰め込んでいただけ。これでは「大切にしている」というより、とりあえず置いているだけで、宝物らしさもへったくれもありませんでした。

ある日、きちんと保管しなおそうと子供達に声をかけ、お気に入りを厳選してほしいと頼んだところ、返ってきた返事は

「え、全部いらないよ」

のたった一言。

「なんですと？」

結局こだわっていたのは自分だけだったのだと、はじめて知りました。取っておくことが親の愛の証くらいの気持ちでいたのに。

そうして、一人で思い入れのある作品たちだけを選び抜いていくと、さっきまでかさばっていた袋はすっかりコンパクトに。

このとき、気付いたのです。

ほんとうに大切な思い出は、モノに残るのではなく胸の中にしっかり刻まれているのではないか。むしろそれを手放したとて、決して消すことなんてできないのだ、と。

そうは言っても、「過去の思い出のモノはどんどん減らそう」というつもりはありません。夫は子供のころにつくったプラモデルを、いまだに大切に取っています。片づけに目覚めたころ、私は木箱に入れられたそれを見つけて捨てようとしました。すると

「待て待て！　まさかこれも捨てるつもりじゃないだろうな」

とかなり慌てだしたのです。

話を聞いてみると、幼いころ自分がとてもがんばって作り上げた作品で、完成したときは、それはそれは嬉しかったそう。今でも見るたびにあのときの気持ちを思い出して、おじさんになった自分がキュンとするくらいだと話してくれました。

そんな想いの詰まったモノをゴミ扱いした私。反省しました。

それからは、多少場所をとったとしても、こういう「手にしたときにポジティブな気持ちになるモノ」は残しておいてもいいんだなと、思えるように。

そして勝手な判断で捨てるのは、トラブルのもとになりかねないと学びました。

手に取ったとき、ホッと安心するようなプラスの感情になるモノなら残すのもオッケー！　逆に「いやな記憶がよみがえるモノ」は即ゴミ袋に入れましょう。「ふ〜ん」と、なんとも思わない中途半端なモノも、手放して大丈夫です。

世の中の罠にはまらない

「捨てられない」「モノがついつい溜まってしまう」

こういったことに悩む人が多いのは、実は仕方のないことです。なぜなら、世の中にはたくさんの罠（あえて罠と言わせてください）があるのだから。

たとえばネットショッピングでよく目にする

「〇〇〇円以上のお買い上げで送料無料」

「3個まとめ買いで〇％オフ」

こういった売り文句。

これらのお得感につられて「だったらもう1個」と、余計なモノまで買い物カゴに入れていませんか。そこには、たった数百円のお得と引き換えに家が荒れるという可能性が潜んでいます。必要以上の量を家に入れないよう注意してください。それらはやがて、あなたの悩みの種に育っていくモノたちですから。

ドラッグストアやスーパーマーケットの
「ポイント〇倍デー」

も不要なモノを買ってしまう罠です。そんなにまとめ買いしなくたって、いざとなればすぐに買いに行ける距離ではありませんか？　もしくはネットでポチッとすれば、つぎの日には届きませんか？

もちろんそうはいかない環境の方もいらっしゃるでしょうが、もしすぐ手に入る環境なら、大量にストックせずとも暮らしに一大事は起きません。スペースをむやみに使っておきながら収納が足りないと悩むなんて、矛盾していると気付いてください。「送料無料」や「ポイント割引」を活用しないもったいなさより、家の中にムダなモノの溜まり場があることのほうが、よっぽどもったいない状態です。

「我が家のストックは近所のスーパーが管理してくれている」くらいに思ってオッケー。

家の貴重なスペースを、無くても困らないモノで埋めないでくださいね。

素敵なディスプレイにときめいてもいったんストップ

最近は、買いやすい価格のインテリア小物や家具のお店が増えました。郊外のおおきな土地に広々とした店舗を構えていることも多く、そんなひろ〜い店舗内に、素敵なモデルルームがいくつも設置されています。

どの部屋もオシャレにコーディネートされていて、さりげなく飾られているたったひとつの雑貨が、なんだかとてもオシャレに見えてきます。

「これを家に置いたら素敵じゃない？」

そう考えるとテンションも上がって、つい手を伸ばしてしまいがちです。


ですが、その雑貨はひろいモデルルームの、ムダがないインテリアの中にポンと添えてあるから映えるのであって、雑然とした部屋に突然置いたところでそのほかのモノたちに埋もれてしまい、思ったように映えてくれません。

「お店では素敵に見えたのに、なんかしっくりこない……」

こうして、活かされないモノがどんどん増えていきます。


世の中には、消費者がどんどん買いたくなるような罠がいっぱいあるということを、知っておいてください。なにも考えずただボーっとしていると、知らぬ間についつい買ってしまい、気付けば家のモノは増えていく仕組みなのです。

私もかつては、よく罠にはまりました。

子供が幼いときは、「SALE」のタグが付いたおもちゃや衣服を見るたびに買っていたのです。おもちゃが増えれば子供も喜ぶし、そんな姿を見るのが私の喜びでもありました。ですがシーズンが過ぎたSALE品を買ったのはいいものの、そのままサイズアウトしてしまい、結局一回も着なかった……。なんてこともざらでした。ほんとうに、いいカモ状態だったのです。

家をキレイに保つには、
「大切な我が家に安易にモノを入れないんだ」
という感覚がとても重要です。どんなにモノを整理しても、つぎからつぎにモノを持ち込んでしまえば、また時間も労力も頭も使うことになります。これではいつまでたっても、片づけにたいするストレスはなくなりません。

ラクに片づけられるようになるためには、捨てる意識と同時に、安易にモノを買わない意識ももっておいてください。

部屋がせまくても収納スペースが少なくても片づきます

お客さまに片づけの悩みをうかがってみると
「そもそも収納が少なくて困っているんです」
「部屋自体がせまくてうまく片づけられません」
という声をよく耳にします。

たしかに収納しやすい家とそうじゃない家の違いはあると思います。私も今の家の収納に１００％満足しているかといえば、そんなことは全然ないんです。

ですが、そこで諦めてしまっては、家は一生片づかない！

お金をやりくりするのとおなじです。片づけは、今あるスペースでやりくりするものなのです。

部屋がせまかったり収納スペースが足りなかったりすると、つい追加で家具や便利グッズを買ってしまいがちですが、もちろんそれらもうまく活用できればいいのですが、まずすべきことはモノの量自体をやりくりすること。

きっと記憶から消えているだけで、案外もう使わないモノが押し込まれていたりするはずです。あなたの家の貴重なスペースを陣取って。

人生に必要なモノって、実はそんなに多くありません。人付き合いが年月とともに変わっていくように、モノとの付き合いにも新陳代謝があるはずなのです。

その入れ替わりがないまま、入れる行為だけがつづいた家は、さんざん食べるだけ食べて、一切排泄しない身体とおなじです。これでは太るわ、肌は荒れるわ、体調も崩れるわ……と、いいことなんてひとつもありません。

まずは、お家のスペースに合わせて余計なモノを外へ出しきること。家具やグッズ選びはその後のご褒美です。それはもう最高の楽しみになりますから。

人生最大のお金のムダ遣いをしていませんか？

生涯でもっともお金を使うのは、おそらく毎月の家賃やローンなどの居住費でしょう。それなのに、ひと部屋まるごと物置きのような状態で、部屋として機能していないのでは、そのひと部屋分のローンや家賃をドブに捨てているようなものです。

人生でいちばんのムダ遣いといっても言い過ぎではないと思います。暮らしの中でもっともコストがかかる住まいの一部が、ゴミ箱状態でいいのでしょうか。

不要なモノは見えないところに追いやるのではなく、家の〝外〟に追いやってください。まちがっても、「さて、どうやって隠そうか」「ここに置いておけばとりあえず、片づいている〝風〟になるな」なんて考えないこと。そのスペースのムダ遣いは、お金のムダ遣いと一緒です。いらないモノたちを置いておくためのスペースには、びた一文お金を払ってはいけません。

こういうムダ遣いを放っておく人は、金運が下がっても仕方がないと思います。

「片づけ意識」を一瞬で書き変えるワーク

ここまで読んでいただいた方は、すでにもう「片づけ意識」が変わり始めていると思います。ではせっかくなので、頭で理解したことを、体にも落とし込むために、あるワークをしてみましょう。

用意するのは、いつも使っているお財布だけ。座ったままできるので、ぜひやってみてください。では、スタート！

①財布の中身をテーブルの上にすべて出す
お札も小銭もカード類も、ひるむことなくすべてぶちまけましょう。

②出したモノを一つ一つ手に取り「使う」「使わない」に分ける
「使えるか？　使えないか？」ではなく自分が「使うか？　使わないのか？」で判断

しましょう。

③「使う」として残したモノを財布に戻す

頻繁に使うカードは一番手前に入れるなど、出しやすくなるよう調整しましょう。

④財布を開け閉めして、不都合がないかチェックする

いつもの動きをしてみて、出しにくさなどがないか確認しましょう。

以上です。これを実践すれば、使うポイントカードなどがサッと取り出せたり、溜まったレシートが邪魔して出しにくくなっていた小銭やお札がスムーズに出せたりします。また、お財布そのものがペタンコになって見た目もスマートに。

さっと取り出して会計できる、余裕のある女性に早変わりです。

そして、実はこの財布の片づけができれば、お家も片づけられる可能性が高くなります。財布のような小さなスペースでも、お家のひろいリビングでも、片づけの手順は変わりません。ただモノの量とおおきさが違うだけです。

巨大な相手にいきなり取りかかるのはこわいですが、このお財布片づけワークなら気軽に取りかかれるし、最後までやり抜くのも難しくないはずです。

「手っ取り早く片づけの効果を体感してみたい！」

という人は、ぜひやってみてくださいね。

CHAPTER 03

お客さまの実例

～家を整えただけで家族の望みが叶っていく～

一番簡単な願望実現方法は「お片づけ」です

ここまで、部屋を片づけられるようになる意識についてお話ししてきました。ですが、一番その意識を変えるのに効くお話は、ここからが本番かもしれません。

この章では、実際に「部屋を片づけたら奇跡のような出来事が起きた」ご家族の実話を紹介します。

たかが「お片づけ」だと思われるかもしれませんが、私はこれこそが、人生を動かす最適なツールだと思っています。

一番簡単な願望実現法は「お片づけ」だと言っても言い過ぎなんてことはなく、むしろ断言したいです。

実際に私がお手伝いをさせていただいたご家庭は、部屋が片づかないという悩みだけでなく、ほかにも深刻な問題を抱えていることが少なくありませんでした。

もちろんすべての話をうかがったわけではありませんが、片づけ作業をしながらポツ、ポツと話される悩みのなかに「ほんとうはこうなりたい」「こんな家族になりたい」という深い家族への思いが見えてくるのです。

そんな強い思いをもって家の中を動かしていくと、現実にも変化が起き始めます。

モノを動かすだけで家の空気が変わり、しかもその家族が一番気にかけていたことに変化が起き始めるのです。

こんな素晴らしいことが起きるなら、みーんなに試してもらいたい。

「みんな、片づけやっちゃいなよ!」

と心の底から思います。

私がこんなふうに確信できるようになった最初のきっかけは、まだ片づけの仕事を本格的に始める前、ある知人の家を片づけたときでした。

学校を休みがちだった息子が国立大学合格！人生を変えた片づけ

その知人は、家族4人で一軒家に住んでいました。家全体を片づけたいとのことでさっそくお邪魔すると、2人いるうちの下の息子さんがずっと家にいるのがわかりました。聞くと、学校を休みがちでほぼ家にいるそうです。

リビングやキッチンなど家中あちこちで片づけ作業をしていると、子供部屋から奇声のようなものが聞こえることもありました。心身の健康問題や、遅れていく学業のことが気がかりだという知人。「勉強しなさい」と言っても反発されるだけで、悪循環に陥っているようです。

片づけも終盤に差しかかったころ、息子さんの了承を得て私は子供部屋に入っていきました。部屋に入った瞬間感じたのは、混乱した空気です。息子さんの当時の気持ちを表すかのように、机の上も床の上も荷物が山積みで底が見えないほどでした。ベッドの上では服やバッグ、マンガなどが雪崩をおこしていて、ベッドの下ではよくわからないモノやゴミたちがすし詰め状態。当然ホコリもたまっていますし、寝具も洗濯されていないので不衛生です。正直、息をするのも苦しいような部屋でしたが、息子さんの心の叫びが聞こえてくるようでした。

息子さんに、一緒に片づけたいということを説明すると、ここ数日間の家の変化を見ていたからでしょうか、意外とすんなり協力してくれました。

「これは使う？　使わない？」

最初のうちは私が一つ一つ聞いていましたが、部屋がスッキリしていくにつれて楽しくなってきたのか、後半はご自身で考えてどんどん処分するようになっていきました。

そうして、ある瞬間から

「あ！　部屋の氣が通りだした！」

と感じたんです。なんとなく、もうこの部屋は大丈夫だと思いました。最後は、息子さんが好きなアニメやマンガのキャラクターグッズを並べて作業完了。息子さんの表情が、すこし晴れてきたように見えました。

そのあとすぐ、知人から連絡がきました。

「息子が部屋で勉強し始めた！」

部屋にこもってなにをしているのかと思えば、なんと机に向かっていたそうです。しかも学校にも行くようになり、成績も偏差値もみるみる上がっていったと言います。

私はこのとき、

「部屋の氣が整うと、こんな変化が起きるのか！」

と、おおきな希望を感じました。さらに数年後、知人から

「息子が国立大学に合格した」

という連絡が！　もう驚きと感激で「えぇーっ」と声をあげてしまいました。今は自分の好きな分野で研究に励んでいるそうです。

知人いわく

「あの片づけがきっかけだったと思う。あれから息子は部屋をキレイにするようになったし、勉強もするようになった」

とのこと。もちろんこれは、息子さんご自身のがんばりやご家族の支えがあってこその結果ですが、そのポテンシャルが発揮できるようになったきっかけは、空間の変化だったんじゃないかと思います。

部屋を片づけただけで、こんなに嬉しい変化が起きるなら、みんなに試してほしい！

そんな思いを抱いて起業してから約8年。私の当初の予感は間違いではありませんでした。これまで、片づけをお手伝いさせていただいたご家庭から、つぎつぎと想像以上の変化が報告されるようになっていったのです。

ここからは、その一部の事例をご紹介していきます。

家のあちこちから総額21万円が出てきた

片づけ作業は、家の中に溜め込んだモノをすべて出して、取捨選択していく作業の繰り返しです。するとお金や商品券などが家のあちこちから出てくることも珍しくありません。

家全体の片づけをしたいと依頼してくださったAさんの場合もそうでした。

とにかくどの部屋もモノで溢れかえっていたこのお家。床には衣類や段ボール、雑誌の山、子供たちの私物などが足の踏み場もないほど重なっていて、底が見えなくなっていました。クローゼットやタンスの中も家族の歴史が上積みされたまま整理されていない様子で、奥のほうになにがあるのかはブラックボックス状態。それらを全部外に出して、一つ一つ「いる」「いらない」を整理していったのです。

すると、家中のあちこちからお金が出てきました。総額なんと21万円！　服やバッグの中に隠れていたお札もありましたが、ほとんどは隠れて見えなくなっていた場所からジャラジャラと出てきた小銭たちでした。それらが集まって気付けば21万円もの大金になったのです。

もし片づけていなければ、このお金は「ない」に等しい状態だったわけですから、無事に発見されてほんとうに良かった！　Aさんも、お金が見つかったおかげで私への依頼代金がほぼカバーできたと、とても喜ばれていました。

「よくがんばったね」と、片づいた家からのご褒美だったような気もします。

さらにその後、部屋がキレイになった様子を見たご主人にも変化が起きたようで、ずっと反対していたAさんの「キッチンをリフォームしたい」という願望を叶えてくださったそう。

家の氣が変わると、家族みんなの気持ちも変化して、どんどん嬉しい出来事が起きるんだなと感じました。

家族の健康がおおきく改善された家

Bさんの家のおおきな問題は、寝室にありました。ほかの部屋と比べて寝室の荷物が圧倒的に多く、床には段ボールやモノが詰め込まれた紙袋などが〝とりあえず〟置かれたままになっているような感じでした。

さらにベッドのまわりにはおおきな本棚やメタルラックがあり、横向きで歩かなければベッドまでたどり着けないような状態です。重そうな健康器具や古いパソコンなどが体を囲むように置いてあって、これではとても安心して眠れそうにありません。いつ重い荷物が落ちてきてもおかしくない状況のなかで寝起きされていました。

実際に

「よく眠れないんです」

「体調も頻繁にこわします」

と健康面の悩みをおもちのようでした。

すぐにいらないモノを整理していきましたが、この寝室で一番気になったのは、モノの多さよりも、剥がれたままの壁紙やマットのカビのほうでした。カーテンも洗われていないので触るとギシギシしていて、とても清潔な寝室とは言えません。

このお宅からは、家中あちこちから大量のアレルギー薬も出てきました。実はBさん一家は、家族全員が長年アレルギーに悩まされていたのです。

「こんな寝室で寝起きしているかぎり、きっと一生良くならない」

そう思い、すべての片づけが終わったあと、寝具の買い替えや壁紙のリフォームもおこないました。すると部屋全体が明るくなり、空気もいっきに澄んだ状態に改善したのです。まるで家全体が生き返り、呼吸をし始めたかのような大変身を遂げました。

寝室の活かされていなかったモノは処分して、頭のそばにあった重たいモノも移動させたので、これでもう無意識に危険を感じながら眠る必要もありません。

その後、家族全員の睡眠が改善され、体調も良くなったとご連絡をいただきました。

家は家族の健康をつくる場所です。

にもかかわらず、逆に健康を阻害しかねない場所になってしまっている家もあります。一度、客観的に家の環境を見直して、手をかけていただきたいと強く思いました。

教室の生徒さんが急増！　悩みがすべて解決した家

これまで片づけさせていただいた家の中でも、ハッキリ記憶に残るほどモノが溢れた状態だったCさんの家。ですがこの家は、依頼主であるお母さまの願いがすべて叶った奇跡の家でもあります。

Cさんのご自宅の第一印象は「濁っている」でした。どこか重たい空気が渦巻いているような感じだったのです。片づけ中に何度も手を止めて、呼吸を整えたくなるほどでした。

最初のコンサルティングでCさんにお話をうかがったところ、自宅の一室で、ある教室を経営されているとのこと。ですがその部屋を見てみると、ここに生徒さんを通しているの？　といった雑多な状態でした。聞けば、ほとんど生徒さんがいないとのこと。

「このお稽古部屋をキレイにしたいですよね」

そう伝えてみると

「そうなの。絶対にそうしたい！」

と力強い答えが返ってきました。これまでもいろいろと生徒さんを増やす努力はされてきたようですが、どうもうまくいっていなかったようです。

よし！　そのゴールに向けてがんばりましょう！　とさっそく作業に取りかかりました。

お稽古部屋に入るためには、当然玄関を通る必要があります。まずは玄関から作業を始めることにしました。ひろい玄関だったのですが、ひろさゆえでしょうか、たたきにも廊下にも棚や引き出しがぎっしり置いてあり、よかれと思って置いたハンガーラックには季節外れの衣服がかけられたまま。なおさら空間を圧迫していました。

そこで、まずは1日かけて玄関を徹底的に整理。いらないモノを処分すると棚もハンガーラックもここには必要ないよね、ということになりどんどんスペースがひろがっていきました。すると、玄関に反響する声の響きまで変わったのです。これにはCさんも
「玄関ってこんなに音が響く場所だったんですね」
と大喜び。こんな調子でお稽古部屋やリビング、キッチンと順調に片づけていきました。が、私のなかでは、まだ「なにか」引っかかるような気が……。

何度目かの訪問で、2階の物置き部屋と化していた書斎に入りました。すると、途端に息苦しいような感覚を覚えたのです。暗くてジメッと静まり返っていて、まるで防空壕(入ったことはもちろんないのですが)のような怖さだと思いました。さらに感じたのは「念」のようななにかのうごめきです。

意を決して中に入っていくと、そこには古い段ボールやホコリをかぶったタンス、錆びついた家電などがあり、もう何年も触っていないモノの放置場所だとわかりました。

「ここが、この家全体の息苦しさに影響しているのかもしれない」

そう思った私は、まず窓をあけて空気を入れかえました。

一つ一つ確認していくと、子供たちのもう着なくなった制服や小物類、ご主人や奥さま自身のもう何年も手に取っていない私物がつぎつぎと出てきました。なかには奥さまの保育園時代のモノまで残っていてご本人もビックリ。

こういった忘れ去られたモノたちの念だったのでしょうか？　またはこれを捨てずにあえて〝保管〟しようとした過去の自分たちに引っ張られていたのでしょうか？　とにかく、この部屋を整理したことで家中の空気がガラッと変わりました。

「あれ？　電気かえましたか？」

そう思うくらい、訪問するたびにどんどん家の中が明るくなっていったのです。

するとׄ、教室の体験レッスンの申し込みがバンバン来るようになりました。電話が鳴るたびに手を止めて

「ちょっと対応してきますね」

と、嬉しい悲鳴状態のCさん。

さらに、学校を休みがちだった娘さんの部屋も片づけたのですが、その直後に

「娘が登校するようになりました」

と、これもCさんの願いが叶いました。

私は心のなかで「やっぱり！」とガッツポーズ。部屋を整えたあとふたたび学校へ通いだすお子さまは、1例や2例ではなくほんとうに多いのです。

こうして家全体のモノと向き合い、片づけをやり遂げたCさんは、気付けばもともと抱えていた悩みがすべてクリアになっていました。

Cさんの経営するお稽古教室は、今では新規募集をストップするほど大人気のようです。

片づけたら実家の問題まで改善された家

Dさんには、大学受験を控えた息子さんがいらっしゃいました。部活を引退し、そろそろ勉強を始めるという息子さんのために、荒れ放題の家をどうにかしたいと依頼してくださったのです。

事前にお話を聞いていたとおり、家の中はかなりのモノで溢れかえっていました。買ってきたまま袋から出されていない衣服、床に直置きされたホットプレート、階段の一段一段にも洗濯物やペットボトル、ティッシュペーパーなどが無秩序に放置されています。

「これは、どうしてここに置いてるんですか？」

と、聞いてみても

「……さあ、なんででしょう」

と、ご本人もわからない様子。

「とりあえずここに」「いったんここに」、そうやって置かれたモノたちで家中大騒ぎ状態でした。

買ってみたはいいものの、ずっと使われないまま放置され、いつしか忘れ去られてしまったモノたち。それらが積み重なっていくと

「俺たちを無視しつづけやがって」

と、次第に邪気を発し始めるような気がしてならないのです。

ノイズを発しだすというか……。

実際にこの家のモノたちが、喋ったり不満を態度に表したりするわけではないのですが、なんだかザワザワと不平不満を訴えているように感じました。

そんなモノからの悪影響をもろに受けるのは、生きている人間です。Dさん一家の場合も、よく眠れない、勉強に集中できないといった問題が起きていました。

しかも家の中だけでなく、実家のご兄弟の健康面にも心配ごとがあるようでした。一度病院からDさんに連絡が入り、作業を中断して病院へ向かわれたこともありました。

さまざまな問題を抱えていた家でしたが、救いだったのはDさんご自身が片づけに積極的だったことです。処分しておいてくださいと伝えた資源ごみは、つぎの訪問時にはかならず片づいていて、とてもスムーズにモノが減っていきました。そのうち「ここに置いていたラグマット、なくてもいいかなと思って捨てました」と、Dさん自身の意識もどんどん変わっていったのです。

受験を控えた息子さんの部屋も、かなり変わりました。最初は床が見えないほど散らかっていたのですが、いざ片づけ始めると「使っていない不要なモノ」がたくさん。息子さん自身が、どんどんそれらをゴミ袋の中へ入れていきました。

勉強に集中できる部屋にするため、本棚にズラーッと並んでいたマンガ本も丸ごと移動させるなど、とにかく勉強に関するモノ以外は処分したり、別の場所に移したりしていったのです。

すると後日、Dさんから嬉しい報告が。

「息子が、難しいと思っていた第一志望の大学に合格しました！」

とにかく受験に集中するなら、勉強に関係のないモノは目に入りにくい場所へ徹底的に移動させることをオススメします。

Dさんの息子さんも、もともとそれくらいの実力があったはず。けれども、そのチカラを発揮できるような環境が整っていませんでした。勉強机の横に並んだマンガや、ザワザワと散らかった空間の中で、必死に踏ん張っていたんだと思います。

どんなにがんばりたくても、あの状況ではブレーキをかけられたような状態でした。その足かせが一気に外れたことで、スムーズに走れるようになり、望む結果にたどりつけたのだと思います。こうして、あれほど荒んでいた家がサクサク片づいていき、たった数ヶ月足らずでスッキリと生まれ変わりました。

Dさんからの報告はまだまだつづきます。

「実はあの日をきっかけに、実家の家族の体調が劇的に良くなったんです。長年悩まされてきたので、ほんとうに夢みたいです」

なんと、病院から呼び出しがあったあの日以来、実家のご家族にもプラスの変化が起きていました。

Dさんの家の状況と、実家の家族との関係性は、正直説明できるものではありません。ですがあれだけ雑然としていた部屋の氣が変わり、心地いい空間になったのです。

私もDさんも

「これって家の氣を整えたからだよね！」

と、言葉では表現できない深い部分で確信しました。

片づいた部屋を見て奥さまが出した結論とは

なぜだかわかりませんが、荒れた家ほどカーテンを開けていないことが多いです。共働きされているEさんのお宅へはじめてうかがったときも、まずは

「カーテン開けちゃいますね」

と断ってカーテンと窓を開けることから始まりました。窓のあたりをあえて荷物置き場にしているようだったので、そもそも空気を入れかえる習慣がなかったのかもしれません。

そんなEさん宅の各部屋を片づけていると、いたる場所で「暗い」と感じました。とくに気になったのは、ウォークインクローゼットの窓が厚紙でふさがれていたこと。またその厚紙もボロボロで、見栄えもよくありませんでした。

大切な衣類が日焼けするのが心配で……とのことでしたが、窓と衣類には明らかに距離もあるため、どうも私には

「太陽の光を入れてなるものか」

という何者かの意志が働いているように見えました。

太陽を嫌う魔物か妖怪か？　そんなものがこのクローゼットにいるんじゃないだろうか。

大切な衣類たちもギュウギュウと押し込まれてシワだらけ。ホコリもかぶっていて、決し

て良い保管状態とは言えません。

まずは窓をおおっていた厚紙を外して別の方法でふさぐことを提案しましたが、それでもEさんはかなり渋っておられました。

娘さんの部屋にも片づけに入りましたが、アイドルのポスターが壁一面に貼ってあり、窓もタペストリーで覆われていました。どうやらこの部屋も、日光を避けているようです。

この家全体が日光を入れたがらないのはなぜだろう？　と不思議に思いました。

そんなある日、明らかに奥さまの様子がおかしい日がありました。話を聞いてみると、

「実は先日、あることで夫と口論になったんです……」

と今にも泣きだしそうな表情。そのことで、離婚も視野に入れた話し合いにまで発展していたようでした。

それでもご主人はなんとか関係を修復したいらしく、奥さまの複雑な思いも伝わってき

ます。そんななかでも、お子さまたちが協力してくれたおかげで、部屋のほうはみるみる片づいていきました。当初、暗さと息苦しさが感じられた家は見違えるほど明るくなり、棲みついていた魔物もどこかに行ってしまったような、さわやかな風を感じる空間になりました。でも、私の役目はここで終了です。

後日、奥さまからこんなメールが届きました。

「キレイになった我が家を見て、ひとりでこれからの未来を考えています。こうして落ち着いて考えられるようになったのも、家の状態が整ったからです。自分や家族にとっていいカタチになるよう話し合ってみます」

と書かれてありました。

最終的に、奥さまがどんな結論を出したのかはわかりません。ですが、どんな決断だったとしても自信をもって最善の決断をすることができたはずです。

雑然とした暗い部屋でひとり悶々と考えるより、スッキリと片づいた明るい空間で出した決断のほうがいいに決まっています。

それに、あの乱雑な家のままでいたら、いずれなにかしら、ほかの問題が発生してもおかしくありません。その前に、いったんすべての空間を見直して光を取り込んでおいて、ほんとうに良かったと思いました。

誰にも見せられない秘密を抱えた家

Ｆさんは、高校に入学したばかりの娘さんと、小学生の息子さんとの３人暮らしでした。ご主人は地方に単身赴任中。数ヶ月後にこちらに戻ることが決まったタイミングで、ある問題を解決したいと依頼してくださいました。

その問題とは、家の２階にありました。１階はわりとスッキリとした家だったのですが、そのぶん２階にモノをぶちまけているような状態だったのです。さながら、おおきなゴミ箱扱いのような空間になっていました。

１階に通された来客は、まさか２階があんな状態になっていたなんて想像もしないでしょう。ですが家族には、嘘やごまかしは効きません。

「主人が戻るまでに2階をなんとか片づけたいんです」

というのがFさんからの最初の要望でした。

期限が迫っているからか、奥さまは積極的にモノを捨てていかれる方で、作業はかなり順調。機能していなかった2つの部屋が、それぞれ「部屋」として一気に息を吹き返していきました！

「こんなに変わるとは思いませんでした」

と感激されたFさん。するとつぎの願望が出てきました。

「こんなにスッキリしたなら、一部屋を娘の部屋にしてあげたいのですが、できますか？」

実は娘さん、ずっと自室が欲しいと言っていたそうですが、今の間取りでは難しいと思い込み、ずっと1階の和室を弟さんと共同で使っている状態でした。いつもどうにかしてほしいと、Fさんに言っていたそうなんです。

そこで、2階の一部屋をおおきく改善し、1階から娘さんの荷物を移動させて個室をつくりました。運ぶ荷物自体も整理したのでかなりコンパクトになり、移動もスムーズに完了。娘さんにとって念願だった自分だけの部屋の完成です！

こうして、Ｆさんは娘さんからイライラをぶつけられることもなくなり、ひとりで抱えていた負担が、１個、また１個とどんどん減っていきました。

自宅に戻られたご主人は、以前よりもすっかりキレイになった我が家に大喜び。Ｆさんにお褒めと労いの言葉もあったそうです。さらには、Ｆさんが欲しがっていた時計を買うためのお金を渡されたとか！　なんということでしょう。

お家を整えると、ただ単に過ごしやすくなるだけでなく、家族仲にもプラスの出来事がつぎつぎと起きていくんだなと、あらためて実感した例でした。

高級住宅街で起きた奇跡

その家は、某高級住宅街にある一軒家でした。ですが残念なことに、玄関先からして手入れがされていない感じが見てとれる雰囲気。扉を開ける前から氣が重い、とにかく重い、そう感じました。

扉を開けると、やはり全体的にモノで埋め尽くされている状態でした。空気も濁っていて、色で例えるなら薄い黄土色っぽい感じです。

依頼主のGさんは音楽家で、自宅に知人を呼んで演奏会を開くという目標をおもちでしたが、現実はかなり程遠い状況でした。

ですが、ゴールは明確であればあるほど、そこに向かってすすみやすくなります。さっそく家中のモノを見直して整理していきました。

Gさんの家は、床だけでなく壁まで散らかっていました。長年かけてひとつも撤去することなく加えていったんだろう、というモノの増え方です。子供たちの成長記録をおさめた写真はもちろん、絵や折り紙などの作品、旅行土産の民芸品など、ホコリをかぶった状態のまま無秩序に壁に貼り付けてありました。

私はまずGさんに
「このなかから、ベスト10を選びませんか?」
と提案しました。思い出の中でも、もっとも大切にしたいモノを厳選してもらったのです。さっそく手を動かし始めたGさん。ほんとうに飾りたいモノだけを選び抜き、それらのホコリをキレイに拭って、ふたたび飾っていきました。

すると生き生きとした彩りが生まれ、部屋全体のエネルギーが巡りだしたのです。目に入ってくる余計な情報も減ったので、まるで別世界になったみたいに印象が変わりました。

Gさんは決断するのがものすごく速い方だったので、どんどん家からモノが減っていきました。「片づけられる思考」のスイッチが、パチッと入ったようです。

思考が変われば行動も変わり、やがてまわりの世界のほうが動きだしてくれます。あるとき、いつものように作業をしていると、Gさんが急に慌て始めました。なにやら大切な保険の書類を見つけたようです。

確認すると、満期をすぎた保険の契約書類でした。

「これって、手続きすればお金が戻ってくるやつじゃ……」

しかも金額は10万や20万どころではありません。これは大変！　いったん作業をストップし、Gさんは慌てて保険会社に電話をかけ始めました。

結果、まとまった金額が戻ってきたようで、かなり喜ばれていました。これもやはり、家からのご褒美、励ましだったように思います。

嬉しい変化はこれだけではありませんでした。

すべての部屋の片づけに目途がついたちょうどそのころ、Gさんの一人娘のお嬢さまが急に、お花を育てたいと言い始めたそうです。

「キレイになった家の中を見て『せっかくなら外もキレイにしたほうがいいんじゃない？』と娘が提案してくれたんです」

と嬉しそうにお話ししてくださったGさん。これまで土いじりなんてしたことがなかった娘さんが、苗や鉢を買ってきて、あれこれと工夫を凝らし始めたそうです。これも、整った家の氣に後押しされたポジティブな現象でしょうか。

家の中を整えたら、家の外まで美しく整ってしまったGさんのお宅。美しいお花たちでお客さまをお迎えして、夢の演奏会が開催されるのを願っています。

キッチンを整理したら３３０万円が手に入った家

片づけ作業をする際は、かならず

「どんな暮らしになったら嬉しいですか？」

という夢や目標をうかがうようにしています。家族のことでも、仕事のことでも、なんでも構わず、描いている未来を教えてもらうのです。

ご夫婦で会社を経営されているHさんの目標はとてもはっきりしていました。

「年商〇〇億円です」

具体的な数字がすぐに出てくるなんて、さすが！　と思ったのですが、片づけていくうちにどうも気になる場所を発見しました。キッチンです。

キッチンの横にある、勝手口のようなガラス扉。どうもそこが気になります。

「お金のことを良い状態にするなら、ここがいやな感じがする」

なんとなく、どれだけお金が入ってきたとしても、出て行ってしまうような感覚がしたのです。この勝手口だけが、キッチン空間のなかで悪目立ちしているようにも見えました。

「ここに薄い布などをかけて光だけを感じるようにできれば、お金に関することが良くなる気がするのですが」

と伝えると、すぐにHさんは窓にカーテンを付けられました。

すると、つぎの週まさかの報告が。

「吉村さん聞いてください！　実は先日、株で330万円もうかったんです！」

これには、アドバイスしておきながら私も「うそーー！」となりました。

きっとお金や将来の目標を口にしながら、家のモノを動かしていったのが効いたんだと思います。手をかければ、それに応えてくれる家の力って、計り知れません。

それにしても、３００万円超は凄すぎます。さっそく私も「実験」と称して、我が家のキッチンをがんがん動かしました（笑）。

が、嫌らしい感情のままに動かしたのが良くなかったのか、さすがに何百万という大金は入ってこず。トホ。

それでも、ありがたいことにお客さまからの依頼はどんどん増え、こうして夢だった本の出版も叶えることができたのだから、実験は成功だったと思っています。

家の中を動かせば現実も動きだす！

いまだに毎日のように、この威力には驚かされます。

このように、家中のモノに向き合って整理していったことで、見えない歯車が回りだし、現実がおおきく変わっていったご家族をたくさん見てきました。

一方で、途中からキャンセルがつづいたり、フェードアウトしてしまったりといった残念なケースもあります。

ほんとうは片づけたいはずなのに、重い邪気に引っ張られて動けなくなってしまったのかもしれません。

「その邪気に打ち勝てれば、見える世界をガラッと変えられるのよ」

と、もっと多くの片づけに悩む人たちに伝えていきたいと、あらためて思います。

CHAPTER 04

家と悩みはリンクする

～氣の特徴を知ろう～

部屋の「氣」の特徴は風水で解明できる

部屋の空気が変わると、なぜかその家族にとってプラスの出来事が起き始める——。この仕事を始めたころからずっと「なぜだろう」と不思議に思っていました。

自分のなかでは

「ここが散らかっている人はこういう悩みを抱えている人が多い」

というような傾向も見えてきたのですが、どうもぼんやりとした感覚的な話になってしまい、説得力に欠けてしまいます。お客さまに説明する際も、もっといろいろな方面からお話しできたほうが納得していただけるはず。そこで、取り入れるようになったのが風水の知恵です。

門を叩いたのは「風水心理カウンセリング協会」。古くから伝わる風水の知識だけでなく、心理学の要素も取り入れ、現代に合わせた風水の活用方法を学べる協会です。ここでさらに、「家とはなにか」について深く学んでいきました。

すると、これまで肌感覚で思っていたことを、どんどん答え合わせすることができたのです。さすが古の知恵が集結している風水。私がぼんやりと思っていた「氣」の正体が、すでに明らかにされている学問でした。

とはいえ、風水のことは素人同然な私。風水を語るにはまだまだ経験も知識も足りません。そこで今回は特別に、同協会の代表理事でいらっしゃる谷口令先生にご協力をお願いしました。

この章では、私が感じている部屋ごとの氣の特徴をお伝えするのと同時に、谷口先生による風水心理学の視点から見たアドバイスもご紹介していきます。この場をお借りして、谷口先生には心より感謝申し上げます。

それでは実際のお部屋をイメージして、またはご自身のお悩みに該当する場所と照らし合わせてチェックしてみてください。

玄関――運気全般

●玄関は運気全体の入り口

玄関は、その家の「顔」。本で例えるなら「表紙」のような場所です。とくに招いたわけでもない宅配業者やご近所の人なども、ここまでは来ることがあるよね？　という、うっかり見られやすいスペースになります。

つまり、玄関を見ただけで家の中を想像されかねない場所です。その想像はおおむねだしくて、玄関は散々な状態だけど部屋の中はわりとキレイというお宅はほぼありません。

私は玄関の扉を開ける前から

「なんか暗いな」

「ここはとにかく重そうだな」

と感じることがあります。あまりにも家の中が圧迫されていると、玄関の外にまでもマイナスな氣が漏れてくるのかもしれません。

玄関が汚れていたりモノで溢れていたりするご家庭は、深刻な問題を抱えていることが多いように感じます。それは健康問題であったり、夫婦仲や家族関係、金運、子供の勉強運など、ほんとうに多岐にわたる問題です。

なぜ玄関の状態と家族の問題はリンクするのだろう？　そう考えたとき私がたどり着いた答えのひとつは

「玄関は家族全員がかならず通る場所だから」

というシンプルな事実です。

よほど特殊なつくりの家じゃないかぎり、みんな玄関を通って家に入ってきますよね。そんな誰も避けて通れない場所が混乱状態だったら、家族全員の心身に影響を与えても不思議ではありません。

あるお客さまで、玄関を重点的に作業したお宅がありました。そのご家庭は息子さんの受験を控えていたのですが、玄関を整えたことでまず息子さんから

「すげー！　入り口がキレイになった」

と嬉しい反応があったそうです。

真正面から片づけに向き合うお母さまに触発されたのか、その後息子さんの成績が飛躍的に向上。無事に受験に合格したとご報告がありました。

帰宅した瞬間の感情に直結する玄関は、その家の運気を決定づけると言っても言い過ぎではないと思います。どこよりも一番注力してほしい場所です。

「玄関だけでも、かならずいい氣を通してみせる」

という意識で、気合いを入れて片づけていきましょう。

なんせ玄関は「神様が入ってくる場所」とも言われているくらいです。となると、そこからつづく廊下は神聖なエネルギーの通り道と言えます。理想は、玄関から入ってきた新しい空気が、スーッとまっすぐ入りこんでくるような家です。余計なモノを置いていては、運気だって入りたくても入ることができません。

以前お片づけさせていただいたお家は、玄関の作業に取りかかっただけで、3～4つの家具を処分することになりました。最初のうちは

「これって処分したほうがいいですか？」

と迷っていらっしゃったのですが、実際に退けてみると

「ほんとうだ！　すごく通りやすくなりました」

とご満足されていました。運気だってそれはおなじこと。なにも置かれていないスッキリと片づいた道が、一番通りやすいはずです。

では、今のご自宅の玄関はどうでしょうか。

「さぁ、神様どうぞ入ってきてください」

とお迎えできる空間ですか？　モノを置いて道をせまくしたり、ホコリっぽくなっていたりしては神様に失礼です。家中まんべんなく通っていただけるように、スッキリとした清潔な空間に整えていきましょう。

ADVICE

▼ 玄関の風水アドバイス

玄関はその家の幸福の出発地点です。どんなに片づけが苦手な方でも、玄関だけはなるべくシンプルに、モノを少なくして、心地いい風が通るようにしておきましょう。明るさ、臭い、湿気にも気を配り、いい氣が入ってきやすい入り口に整えてください。

リビング——家族円満、夫婦仲

●夫婦円満が家族円満につながる

家族全員が集まるリビングは、置かれているモノの持ち主もジャンルもばらばら。誰がどんな管理をしているのか、わかりにくい場所です。

となると、必然的に「誰のせいで散らかっているの？」と家族の誰かを責めるような気持ちが生まれやすくなるようです。

「旦那の荷物が片づかなくて困っている」

という奥さまからのご依頼をよくいただくのですが、作業をすすめていくと

「これは私のだわ」

と意外と自分の荷物も多いことに気付いていかれます。

先に相手のことを責めたくなる気持ち、よくわかります。私も若いころは、つい主人を責めるような言い方をしてしまっていました。でも、おなじ屋根の下に住む夫婦ですから、どちらが悪いということは、きっとないんですよね。

どうしても相手の荷物が気になるようだったら、先にご自身が片づけていく姿を見せるのが一番効果的です。

そのうちご主人のほうから

「こんなにキレイになるなら俺のところもやろうかな!」

と言い始めます。なにごとも百聞は一見に如かずですから、いい流れを見せつけて相手の重い腰をあげさせましょう。

●お母さんの機嫌が子供に影響を与える

リビングの状態が乱れたご家庭は、子供の健康や学校関係の問題を抱えていることもあります。散らかった家は不衛生にもなりやすいので、健康的に良くないというのもありますが、それ以外にもギクシャクしている夫婦関係やイライラしているお母さんの気配を子供たちは敏感にキャッチしているのかもしれません。

リビングの散らかり具合は、その家のお母さんのストレスを映しだすバロメーターです。余計な管理や作業でお母さんが苦しまないためにも、なるべく余計なモノを減らしてください。その家のお母さんがご機嫌になれるリビングがつくれれば、結果的に夫婦関係や親子関係も改善されていくはずです。

お子さまが小さいうちは、リビングで宿題をさせるケースもあると思います。本人がしぜんとリビングで勉強したくなるような空間なら、きっと居心地のいいリビングなのでしょう。でも、そのことでリビングの一画が子供のモノで吹き溜まり状態になってしまっては、元も子もありません。お母さんがストレスを感じているならぜひ改善してほしい。

「子供のモノは使ったら子供部屋に戻す」

「リビングは簡易的に使う場所」

などのルールを共有し、親子が互いに快適に過ごせる工夫をしてみてください。


リビングはいろいろな用途に使いやすいですが、そのぶんすぐにモノが混雑しやすい場所です。重点的に見直して整えることが、お母さんのメンタルの安定、ひいては家族全員のメンタルの安定につながっていきます。

ADVICE

▼リビングの風水アドバイス

リビングは家族の状態を映す鏡のような場所です。みんなが集まりやすい環境に整えましょう。モノが山積みになっていては居心地よく過ごせません。全員で過ごす場所だからこそ、ムダなモノがないスッキリとした空間づくりがポイントです。

寝室——健康・夫婦仲

●人生の土台となる場所

第一に、寝室は睡眠をとる場所なので健康運に直結します。どんなに睡眠時間を長くとっても、シーツやマットが洗われていなかったり、ベッドのまわりに高い棚などがあったりしたら、無意識レベルで安眠できません。不眠や体調不良に悩まされているご家庭は、ほぼ間違いなく寝室の状態に問題があります。

しっかりと体を休める空間があってこそ、健康な心身は養われます。そして健康な心身があるからこそ、働いて収入を得たり、家族旅行もできたりするわけです。つまり寝室こそ、人生をつくる場所だと思います。

そのためにも、寝室は一日がんばった自分自身をゆっくり包み込んでくれる場として整えてほしいです。

●夫婦一緒に寝たほうがいい理由

もうひとつ、各家庭の寝室を見てきて思ったことは「夫婦は一緒の寝室で寝起きしたほうがいい」ということ。これは変な意味でもなんでもなくて、おなじ氣を浴びたほうがいいと思うからです。

寝ているあいだ、私たちは完全に無意識の状態になります。一説によると「魂があの世にかえっている」と言われるほど〝素〟の状態になるのです。この素のときに、おなじ空間にいて、おなじ氣を浴びてエネルギーを共有することが夫婦にとって大切で、すべてのベースになっているように思うのです。

子供が小さいときなど、やむを得ず寝室を分けることはあるでしょうが、条件が許すなら、夫婦は一緒の部屋で寝起きするのが望ましいです。実際に「寝室を分けている夫婦はすれ違いが多く、一緒に寝ている夫婦はなんだかんだ言いながらも夫婦仲が良好である」という、私のなかでの統計もあります。

あるご家庭は、家中を片づけたおかげでひろい部屋が空いたので
「ここでご夫婦一緒に寝てはいかがですか?」
と提案したのですが
「絶対にいやです!」
と拒絶されていました。
そもそも仲が良ければ別々にはならなかったと思うのですが、一緒に住んでいる人の悪口を言いたくなるような日常って、つらいよなと思います。やっぱりベストは、お互いのことが大好きだと言える状態なはずです。

一方、片づけ作業をすすめていくなかで、あるタイミングから別々だった寝室を一緒にするようになったご夫婦もいらっしゃいました。うかがい始めた最初のころは、ご主人からは奥さまの愚痴を、奥さまからはご主人の愚痴を聞くことが多かったのですが、それがいつの間にかすっかりなくなり、お二人そろって対応してくださるようになったのです。
家の中を整えたことで、しぜんなカタチで寝室も整えることができ、いい流れが生まれ

た嬉しいケースでした。

そうはいっても、人の気持ちは複雑なもの。すぐには変わらないかもしれません。ですが、モノを動かすことならすぐにできます。

そしてそれが夫婦仲にとってプラスに働くのなら、試さない手はないと思うのです。可能ならば一緒の寝室で寝たほうが、最終的にいいカタチに収まる可能性が高まると思っています。

ADVICE

▼寝室の風水アドバイス

人間は、睡眠中でも無意識に環境からの影響を受けています。寝具はいつでも清潔な状態を保ちましょう。目覚めたとき最初に目にする景色も大切です。雑多なモノではなく、自分の気持ちが上がるモノを配置しておきたいですね。また、精神的な安定をもたらす空間はシンメトリーだと言われています。ベッドが2つあるならサイドテーブルも2つにするなど、左右対称を意識するのもオススメです。

キッチン――お金、健康、仕事

●愛が生まれ、命がはぐくまれる場所

主婦の最大の職場であるキッチン。この場所が理想の空間になると、家事の心理的負担は半分に減り、テンションは各段にアップします。

キッチンは命の源となる食事をつくる場所なので、そこに立つ人の心理状況によって、家族の健康に影響が出てもおかしくありません。

ご機嫌でつくった食事は、家族への愛というエネルギーもチャージされ、料理に見えないパワーさえ与えてくれるはず。でももし、キッチンが汚れていて使い勝手も悪く、なにをするにもイライラしてしまう場所だったらどうでしょう。きっと味もエネルギーも違ってくるはずです。

毎日料理をつくる人が心地よくいられる状態に整えられるかどうかが、家族みんなの心

身の健康運を左右します。キッチンツールをなにも出していない状態にしたいなら、収まるだけの量に絞ればいいし、出しておくほうが嬉しいなら、出しておくモノは心が躍るくらいお気に入りのモノを選んでほしい。妥協せずに、機嫌よく家事炊事ができるキッチンをつくってほしいなと思います。

●実は金運に直結しているキッチン

お金の流れが良くない、入っても出て行ってしまうという人は、キッチンを見直してみてください。片づけをしていると、お金の課題を解決したいと願う家庭ほど、キッチンに注力することが多くなります。

CHAPTER03で、330万円も株でもうけたお客さまの事例を紹介しましたが、ほかにもキッチンを見直したことで金運が改善された家の事例を紹介します。

そのお家は、キッチンの勝手口の前に段ボールを山積みにしていました。いつもそこに

段ボールがあったので、改善をご提案したら

「ここに置くのが便利なんです」

と習慣を変えたくないご様子。でも私のなかでは、ここが片づけばお金の循環が良くなるはず！　という確信があったので「感覚的な話で申し訳ないのですが……」と断ったうえで説明しました。

すると

「そうなんですか？　それを早く言ってください！　今すぐ片づけます」

と話の途中から段ボールに手を伸ばしていらっしゃいました。

ほかにも、見えないように収納したいと希望されていた調味料や器具なども収納できるようにし、キッチンに立つだけで奥さまのテンションが上がるようなスペースを完成させました。その後はいつうかがっても、スッキリと片づいたキッチンを保たれています。

この家の奥さまは、もともと暮らしぶりをネットで発信されている方でしたが、その後も拝見するかぎり変わらず順調のようです。きっとお金の流れが良いほうへ変化し、余計

な出費がなくなったのかな、なんて思っています。

キッチンの勝手口付近をモノ置き場にしてはいけません。ここが暗く淀んでいると、お金の動きが一気に悪くなると思って注意しておきましょう。

お金の悩みがなくなったらどんなことがしたいですか？

理想を思い描きながらモノを整理し動かしていけば、お金の「氣」もきっと動いてくれます。

ADVICE

▼キッチンの風水アドバイス

キッチンがお金とつながっているという感覚はとても鋭いですね。実は、玄関から入った氣が出て行くのはトイレとキッチンです。ここをしっかり整えないと、どんなにお金が入ってきても流れてしまいます。

また、「火」は「知恵」の象徴でもあるので、キッチンは仕事運にもつながる場所です。つまりここを整えることが、賢く健康的でお金にも恵まれた人生への近道になります。

子供部屋――子供の学力・受験

●驚くような結果を出す子供たち

子供部屋が子供の学力や受験にかかわる場所なのは、おそらく皆さん想像できると思います。ですが、そのための環境づくりには意外と手が回っていない家庭が多いようです。

幼いうちはリビングから目が届く場所に勉強机などを設置することもあると思いますが、中学生にもなると勉強の難易度も上がりますし、受験を意識するご家庭も増えるタイミング。一人で勉強に集中できる環境を、しっかり整えてあげたいものです。

ところが、親が「勉強しなさい」と口酸っぱく言っているわりには、その部屋が子供にとって行きたくなるような環境に整っていないこともしばしば。子供部屋なのに、子供の私物でもなんでもないモノが詰め込まれていることもよくあります。

まずは親のほうが、「子供部屋」を「子供部屋」として扱う習慣をつくってください。受験を控えているのなら、徹底的に受験に焦点を合わせて、本人が一番集中しやすい環境にしていくのです。

子供は驚くほど、環境によって学習態度に差が出ます。

「あんな部屋行きたくないよ」

と言っていたのに、そこがキレイに整ったとたん、まるで自分だけの基地ができたような気持ちになるのか

「絶対にここはキレイに保ちたい！」

と、大人以上にノリノリになっていくのです。

一緒に片づけをしていると、最初はいやそうだった子供でも、すぐに張り切りだして気分が乗っていくのがわかります。変化の様子が手に取るようにわかるので、私にとっても、やりがいを感じやすい場所のひとつです。

しかも若い彼らは「いるモノ」と「いらないモノ」の判断が大人の比じゃないはやさ！面倒くさいからさっさと終わらせたいというのもあるのでしょうが、とにかくサクサク決断していくのであっという間に片づきます。

おまけに、新しい環境を受け入れるのもはやいので、片づけたとたん机に向かうようになったり、成績が急に伸びたりといった変化が珍しくありません。

なかには片づけたつぎの日には「志望校のランクを上げる」と言いだし、見事合格したという例もありました。無理だと思っていた学校に合格したという連絡も、数えきれないくらいあります。

変化を素直に受け入れるので、プラスの効果を出すのも圧倒的にはやく、そのインパクトもおおきいのです。大人の私たちは学ぶことがたくさんあるなと感じます。

子供の成績を上げたい、受験を控えているというご家庭は、子供部屋を勉強に適した空間に見直すことをつよくオススメします。誘惑になりそうなモノは排除して、机に向かいやすい環境に整えるだけで、子供の将来がおおきく変わるのです。

やらない手はないでしょう！

もうひとつ、受験つながりで補足しておきたいのは「リビング」と「キッチン」です。

勉強にはあまり関係なさそうですが、ここを整える目的はずばり、お母さまの気持ちを安定させるためです。

とくに子供が小学校、中学校受験をされる場合は、お母さんとの二人三脚になるはず。まだまだ母親の影響を受けやすい時期です。お母さんの機嫌が平静になるような環境づくりも、意識してみてください。

ADVICE

▼子供部屋の風水アドバイス

集中できる環境をつくるには机の向きがポイントです。机に座ったとき、入り口のドアが見えるようにする、これだけです。お部屋の入口のドアに背を向けて座ると、いつ誰が入ってくるかわからず集中できません。会社の社長室のように、机に座ったとき入り口のドアが見えるように配置しましょう。もちろんドアが横目で見える場所でも大丈夫です。また西日がさすお部屋はついのんびりしたくなり、やる気が出なくなることも。できれば東、もしくは東南向きのお部屋を選んであげてください。

クローゼット――人間関係・恋愛

●クローゼットを整理して夢を叶えた女性

クローゼットは、自分と外の世界を結ぶ場所。つまり、人間関係や恋愛運につながる場所です。あの限られた空間の奥に、まだ見ぬ世界や出会いがひろがっています。

以前、クローゼットの中を見直したことで劇的な変化を遂げたお客さまがいらっしゃいました。膨大な量の服が詰め込まれたクローゼットを前に

「気に入っているモノだけ残していきましょう」

と伝えると、その女性はしばらくかたまってしまい

「自分の好きなモノがどれか、わからないんです」

と、とても悲しそうな表情をされました。

彼女は、人付き合いが苦手で、仕事もウツ状態になり行けなくなった過去をおもちでし

た。そして「自分が何者かがわからない」という漠然とした不安を募らせていたようです。

そんな彼女にとって、気に入った洋服だけを選びとる作業は、大変だったにちがいありません。

そこで私は彼女の「比較的好きかも」というアンテナを探っていき、ひとつのコーディネートを完成させました。

「これを基準にして、おなじくらいテンションが上がるモノだけ選んでいきましょう」

これで取捨選択がすこしずつすすみだし、ほかの部屋も順調に片づけられるようになっていきました。

そして片づけ最終日。以前より明るい表情になった彼女がこんな話をしてくれました。

「私、最初は自分の好きなモノが答えられなかったじゃないですか。好きとか嫌いとかなくて、今までなんとなくモノを買って着てたんだなって気付いてショックでした。でも今は、ほんとうに好きなモノがハッキリしてきた気がします」

思わず目頭が熱くなりました。好きな洋服を選び抜く――それが彼女の人生を前にすすめるきっかけになったのなら、これほど嬉しいことってありません。

その後彼女は、悩みの種だった人間関係が改善し、会社にも無事復帰。さらに、自分がほんとうにやりたいと思える仕事にも出会ったそうです。

そして数年後、彼女から一通の手紙が届きました。

「あのとき夢に描いていた、フラワーコーディネーターになりました」

夢が、夢が叶った！！

人間関係どころか、仕事もうまくいきだし、夢まで叶えてしまった彼女。自分の好きなモノを知って自分と向き合うことが、どれだけおおきなパワーにつながるのかを教えてもらいました。

洋服は毎日かならず選ぶものだから、「好き」「嫌い」「ふつう」の感覚を鍛える、いい練習になります。「恋愛したいけれど、そもそも自分はどういう人が好きなのかわからない」という人は、まずは洋服選びから始めてみてはどうでしょうか。好みの輪郭が見えてくるのと同時に、自分に似合うスタイルも研究できて一石二鳥です。

いつ急な用事ができてクローゼットにかけこんでも、そこにあるのは自分を最高に上げてくれるアイテムだけ。少数でも精鋭たちがスタンバイしているクローゼットは、どれをとっても「最高のワタシ♪」をつくってくれます。

「今日も1軍なワタシ♪」

と

「今日のワタシは3軍です(汗)」

と思って過ごすのとでは、日常の彩りも違ってくるはずです。

ぜひ今日から、自分の「好き」を選び取っていってください。そうして出そろったお気に入りたちは、持ち主の恋愛や人とのコミュニケーションを手助けしてくれるはずです。

ところが、最近は家時間が増えたことで、オシャレ欲がすっかり下がってしまったとい

う人もいらっしゃるかもしれません。以前、あるお客さまから
「ほんとうはエレガントなワンピースが好きだけど、外に出なくなったのでワンピースを着る機会も減ってしまい悲しいんです」
とご相談を受けました。たしかに外出するときのようなオシャレを家の中でしても、しっくりきませんよね。私も一時期、買っても着て行くところがないしなぁ……とファッションにたいしてすごくつまらない気分になっていました。

でも考え方をすこし変えてみたのです。

人って裸で生活するわけではないし、一日まったく外に出ないなんてことも少ないはず。こんなときだからこそ、心躍るようなオシャレを楽しんでみよう！　と。

そこでお客さまには、ちょっとコンビニやスーパーまで行くそのときの服装を、エレガントにしてみませんか？　という話をさせていただきました。ワンピースでなくても、エレガントな雰囲気のカットソーにラフなワイドパンツなどを合わせるだけで、エレガントさは楽しめます。ファッションは、自分の気持ちをコントロールしてくれる最強のアイテ

ム。お家時間が増えたときこそ、クローゼットの中は自分が上がるモノで満たしましょう。

ADVICE

▼クローゼットの風水アドバイス

クローゼットは「社会運」につながる場所です。身なりをどう整えるかが、社会にたいして自分をどう表現するかに直結するからです。お気に入りのアイテムを選び抜いたら、あとは湿気にも気を付けて、丁寧に扱ってあげてください。自分を輝かせてくれる味方たちには、しっかり愛情をかけてあげましょう。

お風呂・洗面所——健康、仕事

●心にも体にもダイレクトに影響が出る

お風呂や洗面所の汚れがひどいお宅を拝見すると、家族の健康状態が心配になってしまいます。お風呂は汚れを洗い流すのと同時に、疲れも落としてリセットする場所であるはず。それなのに、カビや汚れが目立っていたり、排水溝のぬめりを放置したりしておくと、とたんにマイナスなパワーが拡散されます。

清潔になるための場所が汚れだらけでは、気分もスッキリしませんし、むしろ「癒されない」空間からはストレスを受けてしまいます。心身の健康バランスが崩れれば、仕事や勉強、家事などのパフォーマンスにも影響が出かねません。毎日かならず使う場所なので、はやめに改善しておきたい場所です。

●洗面所の混乱が家族の混乱を招く

洗面所の散らかりの原因のひとつは、置かれたままの大量の洗濯物ではないでしょうか。ひどい場合には、

これから洗濯するモノ

洗濯し終わったモノ

一度洗ってそのままになっているモノ

が混在し、洗面所の床を埋めてしまっているケースもあります。これでは家事の導線が

見えなくなり、モノの管理場所も把握できなくなってしまいます。

あるご家庭に朝からうかがった際、高校生の娘さんが

「ハンカチがない！」

と騒がれていました。ハンカチくらい自分で管理できそうなものですが、どうやらモノの定位置が決まっていないようです。お母さまは慌てて洗面所やタンスの中を探しましたが、結局探していたハンカチは外に干されたままになっていました。

家事の導線が安定していないと、家族みんなが混乱してしまいます。とくに洗濯物は、一度滞るとどんどん後ろが詰まってしまう要注意ポイントです。溜めたらやっかいな家事ナンバーワンなので、毎日洗濯機を回すようにしましょう。

しかも、汚れた洗濯物は場所をとるだけでなく、邪気も発しています！　邪気は住人のエネルギーを奪い、良くないことも吸い寄せる悪の根源。あっていいことなんて1ミリもないんです。だから「洗濯は〝邪気払い〟」だと思って、毎日洗い、家事の滞りを減らし

ていきましょう。
そうして導線を整えれば、お母さんだけが忙しい日常は改善できます。ご主人やお子さまたちが自分でモノを明確に管理できるようになれば、朝の身支度もずいぶんとスムーズになりますし、なによりお母さんもラクになれるのです。

モノ自体は多くないのになぜか部屋の中が散らかっているというご家庭は、家事の滞りや導線を見直してみてください。

ADVICE

▼お風呂・洗面所の風水アドバイス

なにはともあれ水回りだけは！　と言いたいくらい風水でも重要なポイントがお風呂や洗面所まわりです。家の氣は「玄関」と「水回り」が鍵を握っています。ところがやっかいなのは、すぐに汚れるところ。ここを見て見ぬ振りせず、向き合って対処していく姿勢が、仕事運にもつながっていきます。

一番外編1一　物置き部屋——運気全般

●実は精神的ダメージがおおきい物置き部屋

どこに置こうか迷ったモノをとりあえずぶち込む、通称「物置き部屋」。床はほぼ見えず、かなりカオスになった部屋のことを言います。

こういった部屋を隠しもっている家って、実は珍しくありません。おそらくご友人の家にお邪魔したとき

「ここは開けないでね」

と言われたら、そこは魔窟のような状態になっていると思ってほぼ間違いないでしょう。とてもじゃないけれど他人さまには見せられない！　そういうお部屋はよくあります。

このような家の片づけをお手伝いさせていただくうちに見えてきたのは、なにかしら複雑な問題を抱えていることが多いということです。

パートナーの浮気癖に長年悩まされていたり、成人した子供たちが誰一人結婚しないと

焦っておられたり。一見そんなふうには見えなくても、なにかしら、裏では問題を抱えているというギャップをつよく感じます。

これって、人に明かすことのできない部屋を家の中に隠している状況ととても似ているように思います。人間誰しも表と裏がありますし、多少良く見せたいというのは全然おかしくありません。

でもそのギャップがあまりにもおおきくなると、どうでしょう。

リビングはわりとスッキリしているのに、あの部屋だけは足の踏み場もなく、暗くてジメッとした魔窟のようになっている……。この落差が、知らず知らずのうちに自分の心を苦しめてしまってないか？　と思うのです。やる気の低下や謎のモヤモヤの原因にもなっているように感じます。

ではどうして、魔窟のような部屋ができてしまうのでしょうか。

きっかけは、人に見られる部分をキレイに保ちたいがためだったはずです。

リビングなどの人が来る場所や、家族が集まる場所だけはせめて整えたい！　となると

「これ、いったんどっかにやらないとマズイな」

「そうだ、とりあえず放り込んでおこう！」

こういった、目の前の問題をとりあえず先送りにしておこうとする思考が、物置き部屋を爆誕させます。

「臭い物に蓋をする」とでも言いましょうか。人生の問題とおなじで、放置しつづけると、その間ずっと頭の片隅になにかが居座りつづけて、本人がいちばん苦しむことになるのです。偽りや隠しごとを抱えたままの人生から、抜け出しましょう！


隠しごとのない状態になったお家こそ、家族全員にとって日々心地よく暮らせる家です。きっと魔窟が撤廃されただけ、すべてを知っている家族はおおきな影響を受けるでしょう。

ADVICE

▼物置き部屋の風水アドバイス

物置き部屋がひどい状態の家は、物事や思考に蓋をする癖がつき、整理できなくなっていきます。家庭不和にもつながりやすく、イライラの感情がどんどん物置き部屋に蓄積されていくようです。夫婦や親子関係がうまくいかなくなるので、しぜんと子供の恋愛運にも影響を与えます。プロの手を借りて長年棲みついていた鬼を追い出してもらいましょう。

一番外編２一　思い出のモノたち――人間関係、出会い

●前にすすもうとする足を引っ張るモノたち

「思い出」――一見、キレイに聞こえる言葉ですが、片づけをすすめるにあたっては、なかなかやっかいな言葉です。ＣＨＡＰＴＥＲ02でも思い出の管理について触れましたが、ここであらためて、思い出のモノたちが家族にどんな影響を与えているのか考えてみたいと思います。

物置きの奥からつぎつぎとモノを出していくと

「それは思い出のモノなので（捨てなくていいやつです）」
と、手をつけないスタンスの方がいらっしゃいます。でも
「念のため確認してみませんか？」
と促すと、結果的にかなりの量を処分されることが多いです。

たとえば、ご夫婦の結婚式の演出に使ったロウソクやバルーン。式の直後は、若いお二人にとってキラキラした大切なモノだったと思いますが、時間の経過とともにその思いにも変化が起きています。年月を重ね、どんどん新しい思い出を刻み、モノにはおさまりきらないほどの深い絆ができているはず。気持ちが変化し特別な思いを持たなくなったモノならば、そのスペースを今の目の前の暮らしに譲っていきましょう。

「当時の記憶よりも、今家族が暮らしている空間が整っていくことのほうが、はるかに意味があるよね」

そう気付いたとき、なんの抵抗もなく手放せるはずです。

場所を支配しているだけならまだしも、誰かの念が乗り移っているようなモノや、いやな記憶がよみがえるモノが「思い出箱」のなかに紛れ込んでいることも。

「ここは手をつけなくてもいいところ」

と思いこんでいる場所ほど注意して見直してほしいです。

あるお宅では、何年かぶりに開けた思い出のモノの中に、トラブルによって今はお付き合いのない人とのたくさんの手紙が出てきました。

見たとたんに「いやな感情」が湧きあがったそうで、即手放されていたお客さま。

「ここ、開けて良かった～！」

と、おっしゃっていたのを覚えています。

お子さまの荷物を捨てずに、すべて取っているご家庭もよくあります。家の外に建てた仮設物置が、子供の思い出でほぼ埋まっているというお宅もありました。幼稚園のころから残している歴代の思い出たちが、プラスチックのケースに詰め込まれた状態でどんどん積み上げられていたのです。依頼主のお母さまも「捨てるなんて……」と戸惑いの表情を浮かべていらっしゃいました。

子供のつくった作品や思い出のモノを捨てるのは罪悪感がある。
子供がいつか見返したくなったときのために。
子供の成長の記録を忘れたくないから。

さまざまなお子さまへの思いがあるのでしょうが、実は当の子供たちはそんなにモノには執着していないことがほとんどです。彼らのピークはそれを描いているとき、つくっている最中であって、過去を振り返ることは少ないもの。
子供は未来に向かって突きすすんでいる生き物なので、親が変に気をきかして過去をブックマークしておく必要はありませんよ。

それでも捨てる決断ができないときは、直接子供たちに聞いてみてください。おそらく、

昔の私のように
「全部いらないよ」
と即答されて呆気にとられるでしょう。

でも、そうやって整理をしていくと、ほんとうに大切なモノだけがキレイな状態で保管できるようになるはずです。
未来に向かってすすむ子供たちを見習って、過去の思い出〝もどき〟は手放していきましょう。ほんとうに大切な思い出はハートにしっかり残っていますから、心配いりません。

ADVICE

▼ 思い出のモノの風水アドバイス

思い出のモノは、時として未来へ行く道をふさぐ障害物になります。膨大な思い出の管理に時間や労力を費やすより、未来のためのアクションを起こしましょう。古いモノを整理すれば腐れ縁も整理できて、新しい出会いがやってきますよ。

CHAPTER 05

6日間で人生が変わる片づけ意識改革マニュアル

家中まるごと片づければ、人生が変わり始める

「片づけられるようになるには、考え方を変えればいいのね」

「なるほど、家の氣が整うと家族にも良い影響があるってことね」

でも……

「そうはいっても、じゃあどうやって片づければいいの？」

と、実際に手を動かしてみても、いまいちはかどらないという人もいるでしょう。そこで、この章では私がお客さまのお家を片づけるとき、どういった点に気を付けているのかをお話ししていきます。


経験上、人生を好転させるほどのインパクトがある片づけは、私とアシスタント1名の2人で6回訪問すれば完了させられることがわかってきました。モノの量や取捨選択の判断速度によって違いが出るため、すべての方に当てはまるわけではありませんが、約6時間×6日間で多くのお宅は、一軒まるごと片づいて、氣もガラリと変わるのです。また、

部分的に片づけるよりも、まるごと片づけたお家のほうが、見た目の変化だけでなく家族の暮らしにもおおきな変化が起きているのです。では、たった6日間でどのように片づけをおこなっているのか？　その様子を、４ＬＤＫのお宅を例にして説明していきます。

ご自身で片づける際のポイントもお伝えしますので、参考にしてみてください。

一事前準備１一　用意するのはゴミ袋だけでいい

ご依頼をいただいたお客さま宅へうかがうとき、かならずと言っていいほど聞かれる質問があります。それは

「事前に用意しておくモノはありますか？　ケースとかファイルボックスとか買っておいたほうがいいモノがあれば教えてください」

という質問です。この答えは

「なにひとつ用意しないで大丈夫です！」

です。しいて言うならば

「ゴミ袋をたくさん用意してください」

これだけ。思った以上に処分するモノが出てくるので、30枚パックくらいなら余裕でなくなります。

必要なのはゴミ袋！　そしてやる気があれば十分です。

一事前準備2一　写真を撮って家を客観視しよう

訪問前に、気になる場所や収納スペースなどの写真を送っていただきます。これには2つの理由があって、一つは私が前もって散らかり具合や収納の中の状態を確認しておきたいから、もう一つは依頼主に自分の家を客観的に見てほしいからです。

一人で片づける際も、最初に写真を撮ることはかなりオススメです。自分の家って実は一番客観的に見られない場所です。毎日生活しているとどうしても慣れてしまって、「そこまで散らかっていない」と思ってしまっています。

では、突然この家に招かれた客にはどんなふうに見えるだろう？　それを知るためにも、

カメラ越しに我が家を覗いてみるのです。きっと
「あら？　ウチ、こんなに散らかってた？」
と、愕然とするはず。でもその気付きが、変わるきっかけになります。

一事前準備３一　ゴールを設定しよう

いよいよ片づけ当日。お宅にうかがって最初にすることは、簡単なコンサルティングです。各部屋を拝見しながら、ご家族の生活サイクルやどの部屋が一番気になるかなどをヒアリングし、片づけのゴールを決めます。

たとえば
「子供部屋をつくりたい」
「もっと快適なリビングにしたい」
「気持ちよく料理できるキッチンにしたい」

最近だと、リモートワーク用のスペースや部屋をつくりたいという要望も増えてきました。こうした目標が決まったら、あとはそれを心に留めながら作業をしていくのみです。

すべてのお客さまにかならず伝えること

いよいよ作業に取りかかる直前。すべてのお客さまに、かならずつぎのような話をします。まず、「家というのは、生活のなかで一番コストがかかるモノだ」ということ。そして、どんなに小さなスペースにも「お金が発生している」ということです。

ということは、つまり、

・生活に役立ちもしない
・家族を幸せにもしない
・心をウキッ♪　ともさせない

そんなモノたちにわざわざ貴重なスペースを与えてはいけない！　ということです。

この貴重な家の中の、貴重なスペースに置いていいのは、
・暮らしに役立ち
・家族を幸せに導き
・使っていて心から快適だと思える
そんなモノたちだけです。

「そうじゃないモノは、この家からさっさと出ていけー！　ぐらいの意識でいきましょう」

と、最初にお伝えします。

すると、ほとんどのお客さまは「わ、わかりました……」と若干の苦笑い。さらに片づけがスタートすると、私もアシスタントも見えないくらいの勢いであちこち動き回るので、さらにお客さまは唖然としてしまいます。でもこの勢いが、とっても重要なんです。

ご自身で片づける際も、たとえ家族から驚かれたとしても、スイッチが入ったなら突きすすんでください。むしろ引かれるくらいの勢いがあったほうが、あなたの欲しい暮らしをぐんぐんとたぐり寄せられます！　ではいよいよ、作業スタートです！

―1日目― キッチン

片づけていく順番は、ご本人が「ここが一番ストレス」と思っているところや、私から見て「ここの氣がとくに詰まっているな」と感じるところからスタートします。一番のストレス箇所を最初に改善できたらなにより嬉しいでしょうし、その後の片づけに希望が湧いてきて、やる気も持続するからです。

●家事の大部分を占めるキッチン

家事のなかでも多くの時間を過ごすキッチンは、うまく片づかないことも多いようで、作業のご希望場所ナンバーワン。つまり主婦がもっともストレスを抱えやすい場所です。

まず、どの場所にも共通する片づけの手順は、CHAPTER02のP84～85でお伝えした通り、

①すべて出す

②「使うモノ」「使わないモノ」にわける
③「使うモノ」を残して収納していく
④出し入れに不便なところはないかチェックする

　です。これを念頭に、さっそくキッチンの、収納という収納に入っているモノすべてを出していきます。

　ところが！　すぐにお客さまは不安そうな表情を浮かべます。なんせ、ありえないくらい大量のモノを目撃してしまうから。余計に散らかったように見えますし、そもそもこんなにたくさん収納しているとは思っていないので、戸惑いを隠せないのです。

「あの……、これって片づくんでしょうか？」

　心配そうなお客さまに、私はすかさずこう言います。

「はい♪　大丈夫。安心してください！　こう見えて、きちんと分類していってますから」

　あまりの散乱具合にひるんでしまうかもしれませんが大丈夫。かならず片づきますから落ち着いて、落ち着いて。

さぁ、ひとつずつ手に取って「これは使っているのか?」「使っていて快適か?」自分に問うていくのです。自分が使っていてウキッ♪ とする――そんなモノだけに絞り込んでいけたら、かならず理想のキッチンがつくれます。

必要なモノだけに絞りこんでしまえば、あとは、それらを収めていくだけ。収める場所は、「ここにあったら私がラクだぞ」というところです。決して「ここに入りそうだから」ではなく、住まい手の都合で決めていいのです。


ざるやボールは、コンロ下よりシンク下のほうが、水のそばだからラクだぞ。

食器は一ヶ所にまとめたほうが出し入れしやすいぞ。

子供のコップは低い位置にしたら自分で出してくれるぞ。

などなど。あくまでモノを使う側の都合で自由にわがままに! 場所決めをしましょう。

そうして収めていったら、作業は終了です。

―２日目― 寝室・クローゼット

１日目の衝撃を乗り越え、２日目の作業にうかがうと、すでに「いらないと思って、あれも捨ててしまいました」と、自分一人で捨てられるようになっているお客さまもいらっしゃいます。また、前回の作業で出たゴミが処分されているので、部屋の景色も初日とは違って見えてきます。この調子で２日目も、とくにストレスを感じている場所から作業スタートです。

たとえば寝室とクローゼット。この２つはおなじ部屋にあることが多いので、セットで片づけていけることも多いです。毎日かならず出入りする場所だからこそ、整えればすぐに変化を感じる「効果を実感しやすい」スペースでもあります。

●物置き部屋になりがちな寝室

寝室に必要なのは、「寝る」に関係するモノだけです。極端に言えば、それ以外のモノはなくても機能する部屋なので、「これってほんとうに寝室に収める必要ある？」という視点で見直していきましょう。

たとえば季節の小物や家電など、ほかの部屋に移動することで暮らしがスムーズになる場合もあります。自分が心地よく休める部屋をつくるぞ、という意識で片づけていってください。

また、ストック品や使わなくなったモノの一時的な避難場所として、つい不要なモノを溜め込んでいっていませんか。

「人に見られない部屋だから」

と思って生活していると、あっという間に寝室は第二の物置き部屋と化します。たしかにプライベートな空間ですから、来客が入ってくることはほぼありません。でも自分自身や家族には嘘がつけない場所、それが寝室です。

そもそも家は誰かに見せるために存在しているわけではないのに、見える部分だけをとりあえずキレイに保つため

「そうだ、寝室にぶち込んでしまえ！」

なんてことになっていては、疲れた体も休めなくなります。はたして、日々がんばっている自分たちが安眠できる空間なのか？　よもや、倉庫みたいな場所で寝てはいないか？　一度、客観的に見直してみてください。

そして、朝起きたらかならず窓を開けて換気をする習慣をつけましょう。暗いなかひと晩中、人が呼吸して湿気がたまった空間は、カビの温床になりがち。放っておくと健康運を一気に下げてしまいます。毎朝窓を開けて、太陽の光と朝のさわやかな空気をとりいれ、自然のチカラで部屋をクリーニングしてもらいましょう。

そもそも最後にカーテンを洗濯したのはいつだろう？　というお宅もあります。カーテンの洗濯ってなんとなく大変なイメージがありますが、実は超カンタン！　脱水後、そのまま窓にかけるだけでオッケーです。これだけで、しぜんとシワが伸びてキレイに乾きます。難しく考えているだけで、意外とハードルは高くないカーテンの洗濯。ひたすら洗って戻すだけなので、休日を利用して一気に済ませてしまいましょう。

●おなじような服ばかり持っていませんか？

クローゼットを整理する際は、家中に散在している服を集めることからスタートします。リビングやダイニングなど、置かれたままになっている服たちをすべて集合させてください。

さらにクローゼットからも服をすべて出していきましょう。そしていざ「着る？　着ない？」をジャッジするときは、一つ一つを手に取って確認することが超重要です。よくあるのが、クローゼットの中をザーッと見て

「捨てられるモノないかな～」

という探し方。

これだと確認しているようで実は全部を見られていないので、軽い判断になってしまいます。だからたいして減らないんです。でも全部取り出せば、いやでもすべてに触ることになりますよね。触れてみてはじめて、ほんとうに私はこの服を着たいだろうか？　とイメージができるのです。本気のジャッジは手に取ってみてこそできるんだと、覚えておいてください。

そうしてすべてを見ていくと、おなじような服ばかり持っていると気付くケースも。以前うかがったお宅からは、黒いVネックのカーディガンが15枚ほど出てきました。「え？私、おなじようなのこんなに持っていたの〜？」とご本人も驚かれていました。クローゼットの外に出してみなければ、意外と気付かないものなんです。

横から圧をかける私のような人（笑）がいない場合、一人でのジャッジはかならず甘くなっていきます。

「着ないから手放す」という決断は、実はけっこうエネルギーを使うのです。だから、一人でのジャッジに疲れてくると「とりあえず取っておくかな」という、エネルギーを必要としない答えを出してしまいがちに。

そんなときのために、心に留めてほしいことがあります。それは、「あれば着るかな〜」程度はナシだぞ！　ということです。

あれば着るかなって、それ、たいして好きでもないでしょう？　着たとて、さして気分は上がらない服です。クローゼットに残すのは、もう一度お金を出してでも買いたいと思えるモノだけ。それくらいの意識で厳選していきましょう。

こうして選び抜いていくと、かなり減って一瞬不安になるかもしれません。でも、大丈夫。スペースが空いたらなにか入れよう！　ではなくて、「空けておけば変化したときに困らない」と思っておいてください。

それに、ほんとうのお気に入りだけが並んだクローゼットは、毎日最高のワタシをつくってくれます。いつどれを着ても気持ちを上げてくれる、自分だけのセレクトショップです。そんなゆとりのある美しいクローゼットは、住人の心にゆとりをもたらし、オシャレへのモチベーションも高めてくれるでしょう。

そして自分の好きがハッキリわかったあなたが、もし新たな心躍るアイテムに出会ったときはどうぞ招き入れてください。今までよりスペースにゆとりがあるので、新しいアイテムを無理やり押し込む必要はなく、すっと収めるだけ。なんて優雅♪　今後も、理想の自分に彩ることができるアイテムだけを、すこし買い足したらいいのです。

―3日目― 書斎・物置き部屋

3日目くらいになると、家の中があちこち変化していく心地よさから、整理のスピードが上がってくる方が多いです。必要に応じて家具を移動させたりもできるようになります。

●家の中に新しい部屋が誕生する

最近リモートワークが増えたからか、

「物置き部屋状態になっている主人の書斎をキレイにしたい」

という相談が多くなりました。

また自分一人では手を付けられなくなっている物置き部屋に関する相談も、以前からよくいただきます。

さっそく中を見せていただくと、仕事机のまわりや足元を段ボール箱が埋めていたり、足の踏み場もないような物置き部屋になっていたり、悲惨な状態も少なくありません。あまりにモノが積み上がった部屋に入るときは、私もアシスタントもジャングルに分け入るような覚悟で進入していきます。

ところが、いざ中のモノを確認してみると、もう何年も触ることなく放置されてきたモノが多いことに気付きます。すっかりホコリをかぶった昔の仕事に関するモノ、壊れたスーツケース、ゴルフバッグ、スキー・スノボー道具、子供が昔遊んでいたおもちゃ、買ったことすら忘れていた便利グッズ。ホコリをかぶるということは、使っていない証です。

つまり「それがなくても暮らしは回っている」ということ。なくても暮らしが回るモノによって家が窮屈になり、家族が苦しめられるなんておかしな話です。ましてや、家賃やローンを払っている貴重な一部屋をつぶす、こんなムダ遣いはありません。

実際、多くのご家庭がいったん取り組んでしまえば、物置き部屋のモノを3分1ほどの量に減らすことができています。

「こんなにスッキリするならはやく手を付けておけば良かった」

と思うくらい部屋から余計なモノが消えていき、見えなくなっていた床も一気にひろがるのです。

そして、整理し残ったモノはほかの適した箇所に割り振っていきます。たとえば食料品ならキッチンに、お子さまが使うモノならそれぞれの個室に、思い出のモノなら出し入れは少ないでしょうから天袋など……というふうに。すると、あらら？　一気に息を吹き返し、見違えるような部屋が誕生します！

まるで、家の中に新しい部屋が追加されたような光景です。これには帰って来たご主人や子供たちも大喜びされること間違いナシ。生まれ変わった部屋をどう活用していくか、楽しく話し合ってみてください。

―4日目― リビング

いよいよリビングに着手していきます。住んだ年月のぶんだけ、大量のモノが溢れかえりがちなリビング。ここにあるすべてのモノを一つ一つ確認していくのは、なかなか骨が折れる作業です。ですが、これまで各部屋で取捨選択を繰り返してきた人なら大丈夫。モノの種類が多いだけで、やり方は基本的に変わりません。

●リビング攻略は難しくない

そもそもリビングにモノが多いのは、洗面所やキッチンのように用途がハッキリとしている場所じゃないからです。全種類のモノたちにとって足を踏み入れやすいので、ボールペン一本にしても、薬一つにしても、細かく「使う？　使わない？」のジャッジをしていく必要があります。大量のモノを前に、挫折してしまいやすいのもリビングの特徴です。

でも、そういう場所だと事前に知っておけば、攻略するのは難しくありません。

リビングに残しておくモノの基準は、ただひとつ。「ここにないと家族の誰かが困る」モノだけです。

それ以外は、子供の私物なら子供部屋、調味料類ならキッチン、衣服ならクローゼットへと、それぞれの部屋に移動させます。もちろん、もう使わないモノは処分しましょう。

「それでも、リビングの収納が足りないんです」

と思ったそこのあなた。たしかに今のままでは足りないですね？　でも、その収納の中をもう一度すべて覗いてみたらどうでしょうか。そもそもずっと使っていないモノで、貴重な収納スペースが埋まっていませんか。それらをいったんすべて外に出していくのです。しっかり厳選し、使うモノだけに絞れば、かならず部屋は片づきます。

ジャッジするモノが多いリビングはたしかに難所です。でも、ここが片づけば家自体の雰囲気がかなり変わります。家族全員が、その違いにかならず気付いてくれますよ。


ダイニングにも、すこしだけ触れておきましょう。ダイニングテーブルの上って、ついついなんでも置いてしまいがちです。床にモノはなくても、ダイニングテーブルの上には新聞、薬、本、郵便物、調味料などがてんこもり状態なんてお家もよくあります。ではどうしてここに置いてしまうのか？　それは、一個一個の置き場が決まっていないからです。定位置がないので、〝とりあえず〟ダイニングテーブルの上に置いてしまうのです。

まずは、それぞれのモノの置き場所を決めてください。そのダイニングテーブルの近くに。だってそのテーブルの場所が都合がいいから置いていたわけですから、そのすぐ近くなら戻しやすいはずです。近くの引き出しや、ちょい入れボックスなどもオッケー。すると、テーブルの面が見えるようになり、それだけで部屋全体がスッキリとした印象に変化します。「とりあえず置くのはやめる」という新しい習慣を取り入れていきましょう。

―5日目― 子供部屋×2

そろそろゴールが見えてきた5日目は、子供部屋を一気に片づけていきます。これまでのお家の変化を見てきた子供たちは、おそらく部屋を片づけることに、少なからず興味が出てきているはずです。

●親はサポート役に徹しよう

これまでお伝えしてきたとおり、子供は大人よりも捨てるか捨てないかのジャッジがかなり速いです。

子供が散らかすから……。捨てないから……。そう思っているお母さま方。実は、やってみたらそうじゃない子がほとんどなのです！　若さゆえのパワーなのか子供たちほど、片づけはできます。

しかも、一度キレイになったらキープするチカラにも、子供たちは長けています。そんな我が子の姿勢を見て、感化される親も多いようです。

子供部屋を片づけるときのポイントは、子供の判断に口出ししないことです。

「え、これ捨てちゃっていいの？」

「高かったのよ……」

と言いたくなる気持ちもわかりますが、ここはグッと我慢。どんな判断も全肯定です！あくまでサポート役に徹してください。

「これは使う？　使わない？」

と質問していき、迷っているようなら

「最後に使ったのはいつ？」

「なにに使うんだっけ？」

など判断材料を投げかけていきましょう。

よくあるのが、
「ほら〜、このへんのモノはどうするの?」
と、ひろい範囲を指しながらするざっくりとした質問。これだと手伝っているようで、まったく効果がありません。子供にとってはなにをどう判断すればいいのか、わかりにくいのです。手間はかかりますが、棚の一段一段と向き合いながら「使うモノ」と「使わないモノ」をわけていきましょう。

きちんと一つ一つに向き合っていく——。そういったお母さんの本気度を見せていくと、子供はきちんと応えてくれます。

そしてCHAPTER04でもお伝えしたように、学力をアップさせたいなら、勉強に関係のないモノは目につかない場所に徹底的に移動させることです。

とくに、受験を控えているお子さんは、目の前におおきな闘いが迫っている状態です。

それなのに、マンガやゲームが手を伸ばせるところにある部屋にいては、闘えるわけがありません。誘惑につながるものは収納ケースに仕舞ったり、別の場所に移動させたりして、目に入らないようにしましょう。

過去問のプリント類も、必要以上に保管しておくことはありません。今すぐ手に取りたい参考書やプリントにすぐ手がとどくような、一分一秒をムダにしない環境に整えられたら最強です。

環境が変われば、子供はしぜんと机に向かうようになります。片づけで人生が変わることを、一番実感しやすい場所かもしれません。

―6日目― 玄関・風呂場・洗面所

いよいよ最終日。ここまで来ると、もう家の中はほとんど変化していて、以前より明るく感じたり、風が通っているような感覚になったりします。すでに、家庭内の問題に変化が起きた！　という報告があることも珍しくありません。ヨシヨシいい感じ！　あとは残りのスペースに取り組むだけです。

●玄関は結界を張るつもりで

玄関の片づけが滞ってしまう原因は、一度部屋の中に入ってしまったら、目に入りにくい場所だからかもしれません。ですがここは、風水的にも最重要ポイント。神様の通り道だと思って、なんなら

「結界を張るんだ！」

くらいの意気込みで片づけましょう。

シューズボックスの中はもちろん、棚の上に置いているモノもすべて見直してください。ちょっとした空間があると、すかさずなにかを「飾ろう」とする人がいますが、それがホコリをかぶってしまっていては本末転倒。運気が上がりそうな水晶などのパワーストーンも、汚れたままではチカラを発揮できません。

傘の本数も見直しが必要です。ときどき、ここは何十人家族ですか？　というほど多くの傘を抱えているお宅があります。傘は一人２本でも多いと思ってください。急な雨に降られて買い足したビニール傘など増えてしまいがちですが、百歩譲ったとしても、傘は家族の人数分プラスアルファくらいに厳選しましょう。

玄関は、家族を日々見送り、そして出迎える場所。みんなが心地よく思える空間にしたいものです。そのためにも極力モノを減らし、なにかを飾りたい場合はご家族全員にとって見るだけで気持ちよくなるようなモノを選び抜いて、飾ってください。

●お風呂・洗面所まわりは溜めすぎに注意

まずお風呂は、面倒だけれども毎日掃除をする。これが結局のところ一番大事です。かといってわざわざ掃除の時間を確保しようとする必要はありません。自分がお風呂を使って出るときにササッと掃除をしてから出る。これで日々の掃除は完了です。汚れやカビ、ぬめりは放っておけばおくほど取れなくなりますし、健康にも良くありません。掃除をスムーズにするためにも余計なモノを置きすぎないよう厳選しましょう。

そして洗面所の片づけで注意したいのは、大量の使っていないタオルや洗剤類のストックです。3人家族なのに何十枚ものタオルを持っているといった家もよくあります。他人からいただくことが多いからなのか、捨てることなくそのまま保管しているようです。タオルは何枚あれば家族にとって不便がないでしょうか？

しかもキレイなタオルを大量にストックしているのに、洗面所に掛かっているのはパリッパリの古いタオルなんてこともよくあります。

タオルはどんどん新しいモノに換えていきましょう。換え時は破れたときではありません。フワフワ♪ じゃなくなったら、もうそれが換え時です！ それでもストックが溢れているようなら、お気に入りベスト10まで絞りこんでください。

「え、新品のタオルも捨てちゃうの？」

と思いますか？ いえいえ。バザーに出したり売ったり、または寄付したり、活用してもらえる場所がかならずどこかにあります。
優先すべきは、家族の住まいにゆとりを生み、快適な環境にしておくことではないでしょうか。〝もったいない〟に縛られて住まいが散らかって悩むほうが、よほど〝もったいない〟です！

また、掃除が行きとどいていないご家庭ほど、たくさんの種類の掃除用洗剤を持っている傾向にあります。努力の形跡だと思うのですが、まずは、使っていないモノを処分するほうが先です。
買ったけど使いこなせない、または使い心地が好きではないなど、暮らしに役立たない洗剤たちとはサヨナラしましょう。

そして、ストックの持ちすぎも要注意です。下手をするとストックに収納のほとんどを支配されている場合もあります。洗剤だってシャンプーだって、1〜2日で使いきれるものでもないですから、せいぜいストックは一種類につき一つでどうでしょう？　これらのモノたちの量をコントロールするだけで、洗面所の圧迫感はかなり改善されます。

まちがっても、ただでさえせまい空間に、無理やり収納家具を入れようとしないでください。昔の私のように……。

片づけを終えてみて

こうしてすべての部屋の片づけが終わったら、最後に家全体を見渡して、暮らしやすさに配慮できているかを再度チェックし、家中まるごとお片づけは終了です。最後までやり切った自分を、十分に褒めちぎってあげてくださいね。

実際に、私がお客さまのお宅を片づけていく際は、ヒアリングしながらオーダーメイドで順番や方法を考えていくので、玄関からスタートする家庭もあれば、物置き部屋から取りかかるケースもあります。

一人で片づける場合は、いきなり強敵に挑むとゴールも見えにくいですし、おそらく途中で道を見失ってしまうと思うので、まずは小さなスペースから始めてみるのがオススメです。

キッチンのこの棚だけ、玄関のシューズボックスだけなど、小さなところで片づけ手順を試して、ゴールにたどり着く達成感を味わってみてください。

キレイな部屋をキープするコツ①
——家の中に入れたら出すこと

生活している以上、家にはかならずモノが入ってきます。なにも持ち込まずに生活することはできません。

ですが、すでに6日間かけてものすごい量と対峙し、葛藤を繰り返した人は、それ以降のモノの管理が圧倒的にラクになります。もうあれ以上、一気に処分するなんて大がかりな作業はありませんから。

ただ、日頃から不要になったモノを手放すという「習慣」は持ちつづけてほしいです。人の体とおなじように、食べたら出すことが基本中の基本。この習慣を忘れたとたん、モノたちが放つ邪気に圧迫されながら過ごすつらい日々に逆戻りです。

そうはなりたくありませんよね。だから、一番大切なことは日頃の習慣、片づけられる意識をもつことです。

使わなくなったモノは家から出そう。
モノを買うときは厳選しよう。
必要以上にストック品を買うのはやめよう。
使ったモノは元の場所に戻そう。
汚れたらすぐに拭こう。

こういった習慣が身につけば、家をキレイに保つことはそれほど難しくありません。

キレイな部屋をキープするコツ②
――家族とキレイになった家の雰囲気を共有し合う

どんなにキレイに片づいたとしても、お母さん一人で躍起になって、お母さん一人で満足しているのでは、すこし寂しいですよね。ですから、片づいた部屋をキープするためにも、家族全員で

「こういうところが便利になったよね」

「ここがとくに変わったんじゃない？」

と、感想を共有し合ってみてください。

家は家族みんなで暮らす場所なのだから、ご主人や子供たちもそれぞれの意見をもつはずです。そこでコミュニケーションをしっかりとれれば、お母さんはがんばった甲斐を感じられるでしょうし、家族は自分たちでキープしていこうねという意識をもつようになります。喜びも、キープする心がけも、みんなで分かち合うのが理想ですよね。

あなただけの「ジャッジワード」を見つけよう

一人で片づけをしていると、どうしても捨てるかどうかの判断が甘くなりがちです。そこで、私が普段どんな言葉でお客さまのジャッジを後押ししているのかを紹介します。判断に迷ったり、思ったより捨てるモノがないと感じたりしたら、参考にしてみてください。

まず

「これは使いますか？」
「なにに使うものですか？」
「最後に使ったのはいつでしょう？」

こういった質問に即答できるモノは活用できている証拠。必要なモノです。

一方、パッと答えられないモノは、活用されていない状態。つまり、持っていても家族の暮らしに役立っていないので、手放しても大丈夫なモノです。処分や売るなどしていきましょう。こうしていくうちに、なるほど！　こうやって判断していくんだなと、わかってくるはずです。ジャッジの要領がつかめたら取捨選択はどんどんスピードアップしていきます。ですが「使う？　使わない？」というシンプルな判断基準だけでは難しいという人もいるようです。そんなときは、つぎのような自問自答をしてみましょう。


「ほかのモノで兼用できない？」

「使いやすい？」

「これを使っている私って理想の主婦？」

「手に取ってみたときにどんな感じがする？」

「理想の◯◯さんはこの服着る？」


どれもささいな質問のようですが、使っている自分をリアルに想像するのに効果的です。

すると、

「実は使いにくいと思っていた」

「あんまり好きじゃないかも」

「似たようなモノを持っていたな」

と気付きだし、最後には
「なくても生活は回る」

という結論に落ち着きます。


ほかにも質問の仕方はたくさんあります。自分にとってストンと落ちるジャッジワードを見つけるのも、お片づけのコツです。

「ウキッ♪」でも、「ワクワク」でも、「トキメク」でもなんでもオッケー。判断を後押しするきっかけの言葉を探してみてください。

言葉の力も借りて、どんどん家の氣を動かしていきましょう。

THE LAST CHAPTER

収納術を忘れた先にあるもの

収納術を手放せば見える世界が変わる

いよいよ、片づけ意識改革も仕上げの段階に入りました。これまで複雑で難しいと思い込んでいた片づけの糸は、ほどけてきたでしょうか？

家を片づけて氣を整えるために必要なのは、特殊な収納術や最新の収納グッズではありません。今やテレビを見てもスマートフォンを開いても情報が溢れていますが、そこに答えはないんです。

むしろそれらに縛られているかぎり、すぐ近くにあるはずのゴールからどんどん遠ざかってしまいます。

昔の私もそうでした。安くてかわいいケースを買って、並べて、とりあえずモノを突っ込んで。それで「ワタシ片づけがんばった♪」なんて一瞬だけ満足するのですが、数日後にはまた惨事に逆戻り……あらら？　どうにかしようとすればするほど、主人と揉める原因も増えていったように思います。

そして今もお客さまと接していると、多くの方が収納グッズやアイデアを駆使しようとして、挫折して、堂々巡り状態にあると気付きます。その考えを手放してしまったほうが、片づけはずっとラクになるのに！

大切なのは、情報を集めることじゃなくて、モノを放置している「自分自身」と向き合うことです。向き合うべき相手は「自分」なんです。


何年も着ていない服をクローゼットに突っ込んでいないか？

読みもしない本をホコリがかぶったまま置いていないか？

とっくに飽きて使わない健康器具を置きっぱなしにしていないか？

賞味期限切れの食品をそのままにしていないか？

何週間も前の郵便物を開封もせずに放置していないか？


片づかない原因は、ハッキリと目の前にあります。今の自分の思考や、無意識にとっている行動を見つめ直してみてください。不要なモノを野放しにしている自分から、「あれ？これってもう捨ててもいいんじゃない？」と気付ける自分に、今こそ、シフトチェンジです。

こうしたお話をしながらお客さまの家中を片づけていくと、最後にはたくさんの収納ケースやグッズが不要になり、処分することになります。

「こんなに余計な収納ケースを使っていたんですね」
「これがないと片づかないって思っていたのに！」

と皆さん驚かれますが、これがリバウンドしない、ただしい片づけ方なのです。

グッズやアイデアが活きてくるのは、それまでの「自分」の習慣と向き合い、モノが整理されたあとの話。インテリア選びなんかは最後のご褒美なので、すぐに手を出さず楽しみに取っておいてください。

せっかく片づいて氣が整った状態なのだから、生まれ変わった我が家になにを迎え入れるかは吟味に吟味を重ねてくださいね。

捨てれば大切なモノを「得る」ことができる

なぜ、これほど口酸っぱく「使わないモノは手放しましょう」と言っているのか。
それは、「手放す」は「得る」ことにつながるからです。手放すと聞くと、なにかを失ってしまうような気がしますが、実はその逆だと私は思います。

たしかに手放せばモノ自体はなくなるけれど、それは自分にとってもう必要がないモノたち。なにも恐れることはないんです。しかも手放すことで生まれたスペースには、ずっと欲しかったモノが入ってきます。

せまいと感じていたはずの部屋には、「空間のゆとり」。
いつもなにかに追われていた毎日には、「時間のゆとり」。
焦りやイライラに支配されていた自分には、「心のゆとり」。
モノを手放すことで、これだけの、いいえこれ以上のなにかがかならず得られます。

では逆のパターンも考えてみましょう。いらないモノを放置したまま、いらないモノに囲まれて生活をしているとどうなるでしょうか。

答えは、人生に〝いらない〟なにかを呼び込みます。

どうでもいい、起きてもとくに嬉しくない、というか起きてほしくないような〝いらない〟出来事を引き寄せてしまうのです。

もう使わずに何年も放置されたモノは余計な邪気を放ち、家の中のプラスのエネルギーさえ止めてしまいます。いらないモノは、使っていないモノ。なくても暮らしは回っていきます。あったとて、なーんのプラスにもなりませんから。とっとと追い出して、家に良い氣が巡りだすのを体感してください。

「マイペースにやっていきます」なんて言っている暇はありません。そののんびりペースを上回るスピードで、モノはつぎつぎ入ってきます。そして手に負えないまま散らかりの渦に飲み込まれてしまうのです。

マイペースというワードを隠れみのにしちゃいけません。そうやってのんびりしてきたから、何十年もの間ずっと散らかったままなのではないですか？　最後なので、すこし辛口で言いますね。

もはやその部屋は、マイペースでは追いつかないです！

ほんとうに欲しいのはどんな暮らしですか？

本気で自分に問うてみてください。人生はそんなに長くはないから、ゆるいマイペースはそろそろやめ時。ずっと欲しかった環境を手に入れるために、今こそ本気のギアを入れるのです。

ちなみにマイペースを脱却できれば、しぜんと運動量も増えるので、わざわざジムやヨガに通わなくても痩せることがあります。家も片づいて、気分も上がって、体も締まってキレイになれる。イッツ・ア・ミラクル♪　やらない手はない！

さぁ、ムダなモノを溜め込む人生はもう終わりです。本当に手にしたかったゆとりをぜひ手に入れてください。

「ほんとうに大切なモノ」はなんですか？

モノを手放すことで手に入れられるモノは、まだまだあります。
それは、今の自分が「ほんとうに大切にしたいモノ」です。生活に活かされていないモノをそぎ落として、もっともっとそぎ落としていくと、徐々に真の大切なモノの輪郭が浮かび上がってきます。

それは、手に取るだけで心があたたかくなる、思い出のモノかもしれないし、見た目も好みで使い勝手のいいお気に入りのアイテムとの出会いかもしれません。「捨てる」ことは、決してモノを粗末にする行為ではなくて、こういった〝ほんとうに大切なモノを大切に扱うため〟に必要なことなのです。

また、モノ以外の大切なことに気付く場合もあります。家の中がスッキリすると頭の中もスッキリするので、自分や家族にとって「ほんとうに大切にしたい暮らしはどんな暮らしか?」が見えてくるはずです。

これがもし、あれもこれも捨てられずにモノに埋もれたままの生活だったら、頭の中さえも混乱して、たいして重要でもない雑務に常に追われているような状態になってしまいます。大切なモノの上にどうでもいいモノが覆いかぶさってしまい、どんどん家族にとっての「大切ななにか」が埋もれていってしまうのです。

あなたやあなたの家族にとって、ほんとうに大切にしたいことはなんでしょうか。心の平穏、一人になれる癒しの時間、忙しさからの解放、好きな料理を優雅に楽しめる空間。ほんとうに大切なのは、物質とはかぎりません。

あれでもない、これでもない、と見つけられなくなっているのなら、まずはモノをそぎ落としてみてください。理想の暮らしが見えてくるはずです。

あなたの家の「大切」が守られますように。

最後のご褒美「インテリア選び」

いらないモノを手放した先にあるご褒美、それがインテリア選びです。ソファやカーテン、ライトにラグマットなどなど、片づけたあとのインテリア選びは、超が付くほどの楽しい作業。ただ、どうやって選ぶか、なにを選ぶとステキになるか？これが結構悩ましいところでもあります。

せっかくスッキリしたのですから、ここで安易なモノ選びに走ってしまうのはもったいない。たとえば百円均一などのお手軽商品は、収納の中でモノを分けるために使うのはいいのですが、それが目立つような使い方はしないほうが良いと思っています。

もちろん最近の百円均一には、可愛くて使いやすいグッズもあります。けれど私的には、若い子のお部屋だったら可愛くまとめられそうだけど、ある程度の年齢の方のお部屋ならお手軽商品は見えないところで活用して、見える部分はもうすこしこだわってみるのをオススメしたいです。

インテリアも洋服選びでもそうですが、私がオススメしているのは、とにかくたくさん〝良いモノ〟を見ることです。

本やネットで見るのもいいですが、できれば直接見てみてほしい。インテリアショップは、入って見るだけなら自由だしお金もかかりません。ぜひ、良いモノをたくさん見てみてください。

買うかどうかは別として、まずは見て、触って、その触れ心地やフォルム、放つオーラまでも感じてみるのです。

上質なモノはいったいなにが違うのか？　それを体感したうえで選ぶ自分の目は、きっとおおきく成長しています。

安くて手に入りやすい商品ももちろん良いです。良いんですが、そうではないモノにも触れたうえで選ぶとき、前よりも見る目が肥えているので、選ぶモノにも変化が生まれるでしょう。そうなると、インテリア選びがもっともっと楽しくなりますよ。

せっかくあんなにがんばって家中を片づけたんだもの。家具もインテリアも洋服も、どんなに小さな家事グッズだって、心ゆくまでお気に入りを探してから家に迎え入れましょう。最高の一点との出会いは、お家時間の質を変えますから。

片づけは新しいステージへ行くための手段

家にあるモノの量が各段に減り、しかも残ったモノは心がウキッ♪　となる精鋭たちだけ。こんな環境に整えられたら、以前の自分とはどう比べたっておなじはずがありません。確実に、新しいステージへレベルアップしています。

というより、片づけたい！　と思い始めた時点で、すでに新しいステージへ行こうとしている前触れです。完全にそのステージへ上りきるためにも、振り返らずに家中まるごと片づけていってほしいと思います。

片づけ意識のスイッチは、あなたとあなたの家族の運気レベルを各段に引き上げるスイッチでもあるのです。「わぁ、使いやすい！」とか「わぁ、キレイ！」で終わるものではありません。散らかった部屋がキレイに整ったその先に、家族全員の新しいステージが待っています。

だからね、覚悟しておいてください。

望むことをイメージしながら、本気で家の片づけに取り組んだ人の未来は、きっとそのとおりに展開していきますよ。

仕事、お金、学業、健康。どんな望みもオールマイティに叶えられます！　なぜなら家は、人生の土台ですから。その土台が、神社仏閣のような「パワースポット」になったらどれほど心強いでしょうか。電車や車に乗って遠出しなくたって、お金と時間を使ってツアーに参加しなくたって、お家自体をマイパワースポットに変えてしまえば、もう怖いものナシ。四六時中、プラスのエネルギーに包まれます。

そうなると、そこで暮らす家族はもはや「パワーファミリー」です。個々のエネルギーが最大に循環して、日々のパフォーマンスも上がるので、望みもきっと叶うでしょう。

こんな話をすると、まるで魔法のように聞こえるでしょうか。

いいえ。不思議な魔法でも、あやしいスピリチュアルでもありません。人は誰でも願望を叶えるチカラをもともと持っているはずです。ただ、そのためには十分なエネルギーが必要なのに、チャージしにくい環境に身を置いているときがあるのです。

だから、エネルギーを巡らせることができる環境を整えることが大切。暮らしの土台である家の「氣」をしっかり通して家自体をパワースポット化させれば、住人も本来のチカラを発揮できるようになるのです。

この仮説、試してみたいと思いませんか？

望みを叶えることと片づけの因果関係は、はたして偶然なのか必然なのか。ぜひ自分自身で確かめてみてください。

家を愛でるとパワーが返ってくる

暮らしの土台である家は、愛でれば愛でるほどパワーを増大させ、そして住人に返してくれるという性質を持っているように思います。

我が家は今年で築25年。数年前からすこしずつ家のあちこちの修繕を始めました。毎日暮らしていると慣れてしまう景色ですが、よーく見ると薄黒くなっていたり剥がれたり、やはりガタは来るものです。

先日は子供部屋2つとトイレの壁紙を一新しました。

「なんでもいいよ」という無関心な息子と、迷いに迷ってこだわりの配色にした娘。そして私はトイレにすこし遊び心を持たせてシンプルな柄を差し込んでみました。作業期間はバタバタとしていましたが、終わってみるとまるで引っ越したみたいに新鮮な気分。新しくなるってやっぱり気持ちがいい！　心にダイレクトに響いてきます。

手間もお金もかかるけれど、家をメンテナンスすると、暮らしの心地よさがアップして、もっと家を大事にしていこうと思えてくるのです。

家って、丁寧に愛でているとほんとうに応えてくれます。家族の暮らしを、人生の土台としてどーんと支えてくれるようになるのです。すると、住人は毎日の仕事や家事、育児、勉強など、日々がんばるためのパワーをチャージすることができます。

だから、人生を生き生きとさせるためにも、住まいを生き生きとしたエネルギーで満たしてほしい。家族に愛を注ぐように、家にもたくさんの愛を注いでください。決してお金をかけるとかではなく、汚れたら拭き、掃除機をかけ、壊れたら修理する。そして散らからないよう片づける。そんな日常的な「手をかける」「気をかける」といったちょっとした心がけが大切なのです。

モノで溢れ乱れた家は、きっと家自体も苦しくて泣いています。そろそろ助けてあげましょう。そうやって手をかけ愛情をかけていくと、かならず家族を守る土台として、本来のチカラを発揮してくれるようになります。

家の氣を整えることが、人の気持ちや行動にどれほど影響しているか――。これは、長年片づけに苦しみ、家と家族の問題を見つづけてきた私の経験をふまえて言いたいのですが、家には住む人の人生を変えるチカラがあります。氣が整った家は、住む人を包み込み、癒し、そして望みを叶えるチカラを与えてくれるんです。

これほど重要な場所なのに、気に入らない住まい環境にため息をついたり、その状況をご主人や子供のせいにしたり、家への不満がいつのまにか家族への不満につながったりしているご家庭も少なくありません。

そんなの、残念すぎる！

家はただの箱ではありません。愛しい我が家が最高のホームでありつづけるためにも、手をかけ愛情をかけていきましょう。

どんな望みも欲張って叶えてほしい

私にとってお片づけのゴールは、整理収納したその先の「氣」を整えることです。

家族の毎日の生活にとって必要なモノをただしく知り、それを整理し、あるべき場所へ収めることで、乱れていた氣を整えてスムーズに通してあげるのです。

そうした結果、家の中の散らかりは改善し、見違えるように氣も通りだします。氣が整った家では、エネルギーもただしく巡るので、家族のパフォーマンスも最大になるのです。

そしてその先にあるのは、家族みんながそれぞれの望みを叶えていける未来です。

自分がこうなったら嬉しい！　と思うことを全部叶えていきましょう。

旦那さんとの関係性を改善したいならそうなります。

お子さまとの仲がギクシャクしているなら良くなっていきます。

恋人が欲しいのならできます。

お金に困らない暮らしになりたいならそうなります。

それに相応しい状態に家を整えれば、不思議と願いは叶いだすのです。私はこのことをもっともっとたくさんの人に知っていただきたいし、その夢が叶うまでをサポートしていきたい。詰まるところ、もはや家を片づけるだけじゃなくて、家の氣整えマイスター®として、その人がほんとうに手に入れたい夢を叶えるための「氣」を巡らせるところまで、見とどけたいのです。

そして、この本を読んでくださった方が、すこしでも片づけにたいする意識を変え、自分の家を心地いい空間、良い氣が流れる状態にもっていけますように。あれこれ悩む前にプロにまかせちゃうのも一つの手です。はやく悩みから開放されて、本来のあたたかい家で穏やかに過ごす日々を手に入れましょう。

片づいた先にある、望みを叶える家ライフを楽しんでください！

おまけ　吉村式・ラク家事メソッド

最後に、面倒くさがり屋な私が取り入れているラクして部屋をキレイに保つ方法を、一部ご紹介します。読んでいただくと、どれだけ私が面倒くさがり屋なのかがわかるはず。でもこんな私でも整理収納できているのだから、説得力はあると思います！

ご自身の家事のスタイルに合いそうなものがあれば、ぜひ取り入れてみてください。

●洗剤

掃除や洗濯に関する洗剤はいちいち種類を増やさない。厳選すれば場所を取られずに済むし、実はたいていの汚れは水やお湯で落ちる。

汚れは放置しないことが一番！　なにかのついでにちょいちょいやっつけていこう。

●洗濯

洗濯機は朝イチで回すか、タイマーで起きる時間に終わるようセット！　寝ている間に洗濯機に働いてもらおう。乾燥機をフル稼働させるのもあり。天気がいいなら午前中からお日様という無料のチカラを最大に利用しよう。

洗濯機から取り出すときに「ハンガー干し」と「ピンチハンガー干し」に別ければ、干すのがラク。

ハンガーの色をそろえると絵面がキレイで気分が上がるのでオススメ。

●掃除機

掃除機をかけるのは週に2回。それ以外は、モップやコードレス掃除機などを代用。ホコリは専用のハンディモップで一発キャッチ。粘着クリーナーを各所に置いておくと便利。

●拭き掃除

私が家事のなかでもっとも嫌いなのは「雑巾を洗う」こと。なので拭き掃除は使い捨てのウェットティッシュを多用する。エコじゃない？　いやいや何度も雑巾を水で洗うよりエコなはず。無理して嫌いなことに取り組むより、ほかのやり方でラクに取りかかれる方法を探せばいい。

●水回り

極力モノを置かない。一発で拭けるようになれば掃除が格段にラクになる。

●シンクの洗い桶

使わない。食べ終わった食器に直接水をかけておけばオッケー。洗い桶のヌメヌメを洗う手間も手放せる。

●寝具

子供たちの寝具は洗いたいときに自分たちで外してもってこさせる。自動でキレイになるわけじゃないと知ってもらおう。

●ながら・ついでを活かす

ホコリを拭いたり片づけたり……すべては歯磨きしながら、なにかを取りに行ったついで。お風呂掃除とトイレ掃除は自分が使用後出るときに。わざわざそのためだけに行かない。

●道具選び

自分がウキッ♪　とする見た目で選ぶ。好きなモノなら触りたくなるし気分も上がる。

いかがでしょうか。家事には家事をする人それぞれのこだわりがあると思うので、自分にあったラクな方法を見つけてみてくださいね。こうしたちょっとした積み重ねで、ラクに心地いい暮らしがつくれたら嬉しいですね。

おわりに

はじめての出版に、ここ数ヶ月ドキドキとワクワクと、なんだか不思議な感覚を味わっていました。伝えたいことはたくさんあっても、正直、長時間パソコンの前に座るのはそんなに得意じゃありません。それでも最後まで完走できたのは、支えてくれた出版のプロの皆さまや、応援してくれた家族のおかげです。

そんな出版に向けたあれこれも、10月になりそろそろ最終段階。やっと一息つけそう……とはなりませんでした！

10月に入ると、我が家には毎年「大掃除開始」の号令がかかります。というか、私がかけます。10月スタートなんてはやすぎません？　と思われるかもしれませんが、一日で取りかかれるキャパがせまい私は、大掃除を年末に一気にこなすのがつらく、すこしずつすすめていくようにしているのです。それに、暮れが迫ってから始めると、ただでさえ気忙しい師走がますますバタバタしてしまいます。年賀状のデザインやあて名書き、年末年始用の買い出しやおせちの準備などなど。やることに追われていたら、あっという間に年が明けてしまいます。そこで、大掃除は余裕をもった10月にスタートするというのがここ数年お決まりになりました。

10月1日、「大掃除計画表」を冷蔵庫に貼りだしたら、天候とスケジュールを確認しながら、タスクをすこしずつやっつけていきます。項目は、屋内外合わせて全部で16個。作業時間は、内容によって20分程度だったり、2時間くらいかかったりすることもあります。キッチンのコンロ周りとお風呂場だけは毎年プロにお任せ。この2ヶ所は自分でやろうとすると大変な手間と時間がかかるのに、仕上がりはイマイチ。手ごわい箇所はプロに頼むのが一番です。また、デッキなどの外周り、窓拭きなど屋外に出る掃除は寒くない時期に済ませてしまいます。

これらの作業を週に1～2項目ずつこなしていき、最後に家族総動員で床のワックスがけをすれば、吉村家の大掃除は完了です。

「お家さん今年も一年ありがとう」

そんな気持ちで家中を清め終わると、安心して歳神様をお迎えすることができます。

片づけと掃除はセットで考えられがちですが、同時進行はあまりオススメしません。どっちも中途半端になりやすいし、大量のモノが積みあがったままでは大掃除したところでほんとうのスッキリは実現しにくいからです。

片づけも掃除も、ただでさえ骨が折れる作業なのに、それを年末の忙しいときにダブルでやっつけるのはかなりハードルが高い。だから、先にがっつり片づけを終わらせて、スムーズに大掃除をすすめていきましょう。というより、片づいた家は断然掃除しやすくなるので汚れにくくなります。結果的に大掃除とはいってもかなりラクになるのです。

年末にこだわらなくても、

「なんかスッキリさせたい」

「最近うまくいかないことが多い」

と思ったら、それが片づけ時！　手をかけてあげると家も住む人も元気になっていくし、家族の思い出も、セピア色じゃなくて鮮やかなフルカラーで蓄積されるようになるのです。

かならず、いい方向へ動きだしますよ！

最後になりましたが、この本づくりに関わってくださったすべての方、大切な家族、私に家のチカラを教えてくれたお客さまとその家たちに、心から御礼申し上げます。皆さんとの出会いがなければ、この本を世に出すことはできませんでした。

そして、この本を手に取ってくださった読者の皆さまにも感謝をお伝えしたいです。一人でも多くの方が、ただしい片づけ意識を手に入れて、ほんとうの望みを叶えていけることを願っています。

２０２１年10月

吉村陽子

吉村陽子

YOKO YOSHIMURA

東京都世田谷区出身＆在住。服飾専門学校卒業後、アパレル会社にて子供服デザイナーとして6年間勤務。2013年、ハウスキーピング協会認定資格「整理収納コンサルタント」を取得後、整理収納コンサルタントとして起業。個人宅での整理収納サービス、オンラインによる個別レッスン、整理収納講座などを行う。これまで従事したお客さまへの整理収納作業は6000時間以上。服飾業界経験を活かしたワードローブコーディネートやクローゼット収納も好評。単なる片づけにとどまらない、その家のエネルギーを最大に引き上げ、ご家族の望む暮らしへ導く「家の氣整えマイスター®」として活動。整理収納アドバイザー1級、整理収納コンサルタント、整理収納アドバイザー2級認定講師、ルームスタイリスト1級、一般社団法人風水心理カウンセリング認定協会　風水インテリアアドバイザーアドバンス修了。

家（いえ）が整（ととの）う、運気（うんき）が変（か）わる、望（のぞ）みが叶（かな）う！

片（かた）づけ意識改革（いしきかいかく）

〜キレイにしたいなら収納術（しゅうのうじゅつ）は忘（わす）れなさい！〜

吉村陽子（よしむらようこ） 著

谷口令（たにぐちれい） 監修

2021年11月22日　初版発行

発行者　磐﨑文彰

発行所　株式会社かざひの文庫

〒110-0002　東京都台東区上野桜木2-16-21

電話／FAX 03(6322)3231

e-mail：company@kazahinobunko.com

http://www.kazahinobunko.com

発売元　太陽出版

〒113-0033　東京都文京区本郷4-1-14

電話03(3814)0471　FAX 03(3814)2366

e-mail：info@taiyoshuppan.net

http://www.taiyoshuppan.net

印刷・製本　モリモト印刷

出版プロデュース　谷口 令

編集協力　山下美保子

撮影　東山アオイ（谷口令軽井沢スタジオ）

装丁　BLUE DESIGN COMPANY

©YOKO YOSHIMURA 2021,Printed in JAPAN

ISBN978-4-86723-059-6